2022—2023 年中国工业和信息化发展系列蓝皮书

2022—2023 年 中国软件产业发展蓝皮书

中国电子信息产业发展研究院　编　著

王世江　主　编

蒲松涛　副主编

電子工業出版社.

Publishing House of Electronics Industry

北京·BEIJING

内 容 简 介

本书在总结全球及中国软件产业整体发展情况的基础上，从行业发展、重点区域、特色园区、企业情况、政策环境、热点事件等多个维度，对 2022 年中国软件产业发展进行剖析，并对 2023 年中国软件产业发展趋势进行展望。

本书可为中央及地方各级政府、相关企业和研究人员把握软件和信息技术服务业的发展脉络、研判其前沿趋势提供参考。

图书在版编目（CIP）数据

2022—2023 年中国软件产业发展蓝皮书 / 中国电子信息产业发展研究院编著；王世江主编. —北京：电子工业出版社，2023.12

（2022—2023 年中国工业和信息化发展系列蓝皮书）

ISBN 978-7-121-46979-4

Ⅰ. ①2… Ⅱ. ①中… ②王… Ⅲ. ①软件产业－产业发展－研究报告－中国－2022-2023 Ⅳ. ①F426.67

中国国家版本馆 CIP 数据核字（2024）第 004084 号

责任编辑：刘家彤
印　　刷：北京虎彩文化传播有限公司
装　　订：北京虎彩文化传播有限公司
出版发行：电子工业出版社
　　　　　北京市海淀区万寿路 173 信箱　　邮编：100036
开　　本：720×1 000　1/16　印张：14　字数：313.6 千字　彩插：1
版　　次：2023 年 12 月第 1 版
印　　次：2023 年 12 月第 1 次印刷
定　　价：218.00 元

凡所购买电子工业出版社图书有缺损问题，请向购买书店调换。若书店售缺，请与本社发行部联系，联系及邮购电话：（010）88254888，88258888。

质量投诉请发邮件至 zlts@phei.com.cn，盗版侵权举报请发邮件至 dbqq@phei.com.cn。

本书咨询联系方式：liujt@phei.com.cn，（010）88254504。

前 言

一

随着新一代信息技术创新应用不断取得突破，大力促进数字经济加速发展壮大，深刻变革生产力和生产关系，催生新的产业主体、生产方式和组织形态，显示出巨大的跨越式发展潜力。当今时代，数字经济发展速度之快、辐射范围之广、影响程度之深前所未有，已成为重组全球要素资源、重塑全球经济结构、改变全球竞争格局的关键力量。软件作为新一代信息技术的灵魂，是数字经济发展的重要基础和关键支撑。当前，软件产业（也称软件和信息技术服务业或软件业）发展边界加速延伸，已成为驱动数字经济高质量发展的核心引擎。推动软件产业发展，对于加快建设现代化产业体系、开辟数字经济广阔空间具有重要作用。

从发展趋势来看，软件产业以信息技术创新为驱动力，以数字化应用需求为牵引力，向"开源化、智能化、平台化、生态化、融合化"方向持续演进。当前，全球软件产业发展面临"软件定义""大国竞争""开源创新"三方面形势。一是软件定义成为经济社会发展的主导角色。一方面，软件逐渐下沉为基础设施，成为未来经济社会发展的重要基础，各领域发展创新都离不开软件。另一方面，软件定义在扩展产品功能的同时正引发价值创造模式的变革，以"软件定义汽车"为例，随着智能网联汽车、自动驾驶技术的发展，软件在汽车中的占比将超过硬件，成为决定汽车功能、性能的最主要因素。二是软件领域成为大国竞争博弈的重要战场。当前，世界主要发达国家都将发展软件产业作为构筑国际竞争新优势的战略制高点，如美国总统拜登签署的《改善国家网络安全行政令》中明确提出要优先解决关键软件供应链安全问题。随着软件在各领域产业链供应链的卡位作用日益凸显，软件特别是基础软件、工业软件将成为大国竞争博弈的新战场。三是开源创新成为软件产业发展的主要路径。当前，以开放协作为核心理念的开源创新已成为软件技术创新的主流模式，据统计，全球 97% 的软件开发者和 99% 的企业使用开源软件。通过开源最大程度地突破创新的时空边界，最广范围地集聚智力、产业和服务资源，从而缩短"原始创新—产品应用—产业转化"的创新周期，这正成为软件产业迭代创新的主要路径。

展望 2023 年，全球产业格局的加速重构将为软件产业发展带来新的机遇，竞争与合作中将充分发挥软件定义的放大、倍增和叠加效应，数字经济的深入推进也将进一步释放新的软件市场空间，软件价值将得到全球高度关注。

二

当前，世界百年未有之大变局加速演进，新一轮科技革命和产业变革深入发展，软件产业作为数字经济发展的基础，制造强国、网络强国、数字中国建设的关键支撑，对于我国抢抓科技革命新机遇、加快建设现代化产业体系有着极其重要的战略支点作用。

近年来，我国政府高度重视软件产业发展，习近平总书记强调"要全面推进产业化、规模化应用，重点突破关键软件，推动软件产业做大做强，提升关键软件技术创新和供给能力"。在党中央、国务院的领导下，在业界的共同努力下，我国软件产业取得了长足的发展。2022 年，我国软件和信息技术服务业运行稳步向好，全国软件和信息技术服务业规模以上企业超过 3.5 万家，累计完成软件业务收入 108126 亿元，同比增长 11.2%，利润总额 12648

亿元，同比增长 5.7%。其中，软件产品收入 26583 亿元，同比增长 9.9%，占全行业收入的比重为 24.6%，工业软件产品实现收入 2407 亿元，同比增长 14.3%，高出全行业整体水平 3.1 个百分点；信息技术服务收入 70128 亿元，同比增长 11.7%，占全行业收入的比重为 64.9%；信息安全产品和服务收入 2038 亿元，同比增长 10.4%；嵌入式系统软件收入 9376 亿元，同比增长 11.3%。

站在新的发展起点上，我国软件产业将由高速发展向高质量发展转变，正迎来创新要素流动日益频繁、国产替换和新兴需求增量市场与日俱增等重大历史机遇。我国应抓住稍纵即逝的机遇期、窗口期，进一步提升软件产业发展的综合市场竞争力、可持续发展能力、经济社会发展支撑能力和安全保障水平，全面推动软件产业做大做强。

做大做强软件产业离不开高水平的产业集聚，中国软件名城作为我国软件产业集聚发展的重要载体，是推动软件产业做大做强的重要力量。为进一步提升软件名城管理工作水平，落实建设现代化产业体系、推动高质量发展的新要求，2022 年 12 月 10 日，工业和信息化部印发《中国软件名城管理办法》，为新时期软件名城工作指明了方向和路径。下一步，名城管理将坚持部省市协同联动，以"统筹规划、联合推进、突出特色、务求实效、发展创新、动态调整"为原则，着重落实引导城市优政策、固基础、促集聚、育生态"四个任务"，推动名城高水平建设、高质量发展。通过进一步发挥名城的标杆引领示范作用，持续推动我国软件和信息技术服务业做强做优做大。

三

为全面掌握软件和信息技术服务业领域的发展动态，研判产业发展趋势和重点，赛迪智库信息化与软件产业研究所研究编撰了《2022—2023 年中国软件产业发展蓝皮书》。本书在总结全球及中国软件产业整体发展情况的基础上，从行业发展、重点区域、特色园区、企业情况、政策环境、热点事件等多个维度对 2022 年中国软件产业发展进行剖析，并对 2023 年中国软件产业发展形势进行展望。全书分为综合篇、行业篇、区域篇、园区篇、企业篇、政策篇、热点篇和展望篇 8 个部分。

综合篇，对 2022 年全球软件产业发展概况和中国软件产业基本发展情况进行阐述。

行业篇，选取基础软件、工业软件、信息技术服务、嵌入式软件、云计算、大数据、人工智能、开源软件 8 个行业进行专题分析，对各行业领域 2022 年整体发展情况进行回顾，并从结构、技术、市场等角度总结发展特点。

区域篇，对环渤海地区、长江三角洲地区、东南沿海地区、东北地区、中西部地区进行专题研究，分析各区域产业整体发展情况、产业发展特点。

园区篇，选取北京中关村软件园、上海浦东软件园、四川成都天府软件园、江苏南京软件谷、福建福州软件园、山东齐鲁软件园等代表性软件园进行专题研究，总结分析各个园区的发展概况和发展特点。

企业篇，选取基础软件、工业软件、信息技术服务、嵌入式软件、云计算、大数据、人工智能、开源软件 8 个行业细分领域的代表性骨干企业，分析其发展情况和发展策略。

政策篇，对 2022 年中国软件产业政策环境进行分析，对《"十四五"软件和信息技术服务业发展规划》《中共中央 国务院关于加快建设全国统一大市场的意见》《关于加强数字政府建设的指导意见》《关于加强和改进工业和信息化人才队伍建设的实施意见》《中国软件名城（园）管理办法》进行解析。

热点篇，总结论述 2022 年软件产业的热点事件，选取"东数西算"工程正式启动、车载操作系统成为智能汽车的核心等热点问题，分别进行事件回顾和事件评析。

展望篇，在对主要研究机构预测性观点进行综述的基础上，展望 2023 年我国软件产业整体运行发展形势、重点行业发展形势。

赛迪智库信息化与软件产业研究所注重研究国内外软件产业的发展动态和趋势，持续发挥对政府机关的支撑作用，着力提升对中国软件名城、软件园区（基地）、软件人才、区域软件产业发展等的服务能力。希望通过我们的不懈努力，为进一步挖掘软件应用价值，发挥好软件和信息技术服务业的基础性、战略性、前沿性作用，为制造强国、网络强国、数字中国建设提供有力支撑。

目 录

综 合 篇

行 业 篇

区　域　篇

政　策　篇

热　点　篇

展　望　篇

综合篇

2022 年全球软件产业发展概况

　　软件产业是全球经济和社会发展的基础性、先导性、战略性产业，长期以来都是国际科技竞争和产业发展的重要战略制高点。2022 年，软件产业规模保持稳步增长，新兴技术加快创新演进，产品、形态和商业模式加速平台化转型，其在应用领域的赋能、赋值、赋智作用表现也愈发显著。

一、产业规模保持稳步增长

　　2022 年，在货币政策收紧、地缘政治风险持续与新冠疫情反复等不利因素的影响下，全球信息技术（Information Technology，IT）支出需求回落，软件产业规模呈小幅增长态势。2023 年 4 月 Gartner 发布的报告显示，2022 年全球 IT 市场规模扩大步伐受到阻碍，IT 支出保持小幅增长，支出总额为 4.40 万亿美元，比 2021 年增长 0.5%，是自 2019 年以来的增速新低，主要受复杂多变的外部因素影响，部分 IT 支出在 2022 年暂被搁置。企业软件与 IT 服务支出相对平稳，增速分别为 8.8% 与 3.5%。数据分析服务、云计算、安全等成为企业软件支出的主要领域，特别是 IaaS（基础设施即服务），支撑了行业企业的数字化转型，这将成为一项长期、系统性的趋势。据 ResearchAndMarket 2023 年 4 月预计，全球软件产品市场将从 2022 年的 13334.8 亿美元增长到 2023 年的 15002 亿美元。由于新冠疫情爆发初期远程工作需求，设备支出一度激增，随后个人电脑、智能手机及其他电子设备消费出现较大降幅。2021—2023 年全球 IT 支出及预测如表 1-1 所示。

表 1-1　2021—2023 年全球 IT 支出及预测

项　目	2021 年		2022 年		2023 年（预测）	
	支出/10 亿美元	增长率/%	支出/10 亿美元	增长率/%	支出/10 亿美元	增长率/%
数据中心系统	207	6.7	216	4.3	224	3.7
企业软件	614	15.9	794	29.3	891	12.2
设备	809	16.1	717	−11.4	684	−4.6
IT 服务	1185	10.6	1250	5.5	1364	9.1
通信服务	1443	3.4	1425	−1.2	1480	3.9
总　额	4258	9.5	4402	3.4	4643	5.5

数据来源：Gartner（2023.4）。

北美地区：美国 IT 支出市场在 2022 年达到 1.25 万亿美元，预计在 2023—2028 年的预测期内，该市场将以 3.83%的复合年增长率进一步增长。根据 MarketsAndMarkets 预测，北美 IT 服务市场规模将从 2022 年的 5000 亿美元增长到 2027 年的 7006 亿美元，复合年增长率为 7.0%。

欧非地区：根据 Gartner 2022 年 11 月预测，欧非地区 2022 年 IT 支出为 1.25 万亿美元，较 2021 年下降 3.8 个百分点，预计 2023 年将达到 1.3 万亿美元。其中，西欧区域中的英国 IT 支出预计将实现较高增长，并于 2023 年保持良好趋势。

日本：根据国际数据公司（IDC）数据，日本 IT 服务 2022 年收入规模为 6 万亿日元，受现有系统云升级、企业数字化相关项目增加和范围扩大的推动，2023 年将继续稳步增长。

印度：根据印度软件和服务公司协会（Nasscom）数据，2022 财年印度 IT 行业收入达到 2270 亿美元，同比增长 15.5%。其中，国内收入约为 460 亿美元，出口收入为 1810 亿美元。据 Gartner 2022 年 11 月预测，印度的 IT 支出 2022 年将达到 1096 亿美元，同比增长 1.9%，预计 2023 年将达到 1124 亿美元。

二、智能变革加速技术创新

数据的指数级集聚、算力的快速增长、算法的迭代升级，为智能化升级提供了坚实基础。2022 年，集成智能技术的软件创新和应用层出不穷，如

DeepMind 推出通用 AI 模型 Gato、代码生成系统 AlphaCode，Stablility AI 与 Meta 相继推出可生成图像或短视频的 AI 工具。2022 年底，美国 OpenAI 公司推出的 ChatGPT 引发全球广泛关注，推出仅两个月后，它的月活跃用户就达到了 1 亿户，成为历史上增长最快的消费者应用之一。以 GPT（生成式预训练转换器）为代表 LLM（大语言模型）加速实现智能化、智慧化演进。根据 IDC 数据，2022 年全球人工智能收入达到 4328 亿美元，同比增长 19.6%。同时，人工智能科研文献数量在过去 5 年中快速增长，2022 年相关文献占同年所有科研文献比例升至 6%，相较 2017 年的 3% 翻一倍。

基于智能技术的产品、平台及服务，通过不断的迭代创新提升自身的稳定性和先进性，其发展也为软件产业的持续进步带来更多的应用场景和市场空间。大语言模型正在重塑软件使用与交互方式，大大降低软件使用门槛与用户学习成本，如集成了 GPT-4 的 Office，用户只需要文字输入想法与需求，并不需要事先学习烦琐的软件操作，即可指挥 Office 得到想要的结果。为满足快速发展的 AI 应用需求，软件发展与算力平台相互依存，互为促进，如 ChatGPT 在全球范围内的快速流行，也持续推动了其底层算力支撑——NVIDIA（英伟达）GPU 的火热。

三、云模式驱动平台发展

伴随着数字化转型的深度推进和信息基础设施的大力发展，软件从基于产品的服务向基于云平台的服务转变，过去几年的新冠疫情进一步激发了线上活动的活跃度，软件云化成为确定性趋势。2022 年，虽然是全球科技企业承压的一年，全球云服务市场仍呈现高速发展态势。微软云 2022 年总营收 1012 亿美元，同比增长 26.5%，其中智能云营收 818 亿美元，同比增长 21.1%，营业利润率为 42.0%，生产力与业务流程同比增长 59.0%。亚马逊 AWS 2022 年总营收 801 亿美元，同比增长 29.4%，营业利润率为 28.7%。谷歌云 2022 年总营收 263 亿美元，同比增长 37.3%，营业利润率为 -11.3%。微软云、谷歌云利润水平相较 2021 年有小幅改善。据统计，2022 年全球云计算市场规模为 4053 亿美元，同比增长 22.6%，其中 SaaS（软件即服务）占比为 44.8%。

云模式对软件产业发展产生直接积极影响。一方面，以云计算为核心的新型计算体系让软件研发范式发生深刻变革，Serverless、低代码、AI 大模型、开源等创新新模式、新基础，将大幅提升软件生产效率，降低软件协同开发难度，有利于加速软件技术积累和产品迭代。全球低代码市场逐步进入增长稳定期。Gartner 最新报告显示，到 2023 年，全球低代码开发技术市场规模将达到 269 亿美元，增长 19.6%。市场格局趋于集中，Mendix、OutSystems、微软和 ServiceNow 等服务商占据稳定的市场份额。另一方面，云模式进一步推进平台化发展趋势，推动形成了资源集聚、多方参与、高效协同的软件创新模式。通过云平台，企业可以更便捷地集聚行业共性模型和算法，搭建可视化的开发环境，使用成熟的微服务组件，大大提高软件的开发和服务效率，以响应瞬息万变的市场需求。例如，微软云构建"云-企业软件-AI 计算"平台化模式，其公有云营收增速为 30%～40%，软件业务营收增速为 50%～60%，AI 算力营收增速超过 100%。

四、跨界融合拓展应用空间

伴随着通信网络的升级、各类传感器的部署及智能终端的普及，软件的重要性在数字经济时代越发凸显。大量数据生成后依赖软件进行处理，各类系统主要逻辑由软件实现，软件逐渐下沉为信息技术基础设施，成为影响硬件，甚至根本上决定硬件价值的关键。软件定义不仅能扩展产品的功能，更能带来价值创造模式的变革。

2022 年，软件产业与各行业领域的融合进程加速，软件的赋能、赋值、赋智作用被加倍放大，有效提升行业数字化、智能化水平，激发新潜力赛道。特别是，智能网联汽车已成为经济新热点。智能汽车作为继智能手机的下一个超级终端，正在由"硬件+简单软件"向"硬件+复杂软件+内容"变革，而重塑汽车价值，决定新一代汽车性能、功能和体验的正是软件。"软件定义汽车"已成为行业共识，多方主体加紧布局这一重要赛道。一方以科技巨头为代表，依托互联网积累进军智能汽车行业，主要通过造整车、联合造车和提供技术服务三种方式参与造车，如高通收购瑞典自动驾驶技术公司维宁尔旗下安致尔（Arriver）软件业务；另一方以车企为代表，通过成立软件子公司、联合软件企业、成立软件部门等方式，纷纷通过软件化转型以稳定行业地位。

第二章

2022 年中国软件产业基本发展情况

软件是新一代信息技术的灵魂，是数字经济发展的基础。促进软件产业高质量发展是统筹推进制造强国、网络强国、数字中国建设的必然选择，是构建现代化产业体系的必由之路。2022 年，我国软件产业整体增长态势平稳，展现出强大韧性和巨大潜力，持续释放"软件定义"活力，成为生产方式升级、生产关系变革、新兴产业发展的重要引擎。

一、产业规模跃上十万亿元台阶，近 80%业务收入集中在中国软件名城

2022 年，尽管受到新冠疫情反复的冲击和复杂国际环境的考验，我国软件产业整体增长态势有所放缓，但依然保持较强发展韧性。全国软件和信息技术服务业规模跃上十万亿元台阶，累计完成软件业务收入 108126 亿元，同比增长 11.2%，增速较上年同期回落 6.5 个百分点。2014—2022 年我国软件和信息技术服务业业务收入及增长情况如图 2-1 所示。软件业利润总额 12648 亿元，同比增长 5.7%，增速较上年同期回落 1.9 个百分点，主营业务利润率回落 0.1 个百分点至 9.1%，盈利能力保持稳定。2021 年、2022 年我国软件业利润总额走势如图 2-2 所示。

从区域分布看，2022 年，14 个中国软件名城合计完成软件业务收入 85999 亿元，占全国软件业务收入的 79.5%，产业集聚效应显著。北京软件业务收入达万亿元以上。2022 年中国软件名城软件业务收入及增长情况如图 2-3 所示。环渤海地区、长三角地区、东南沿海地区和成渝地区软件业务收入占全国比重分别为 35.08%、29.71%、18.76%和 6.65%，区域分布格局初步形成且较为稳定。2022 年我国软件和信息技术服务业区域分布如图 2-4 所示。

图 2-1　2014—2022 年我国软件和信息技术服务业业务收入及增长情况

数据来源：工业和信息化部运行监测协调局（2023.1）

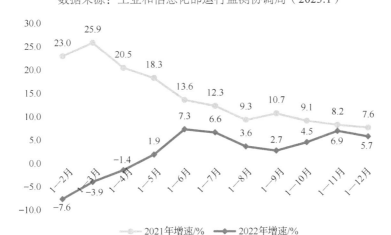

图 2-2　2021 年、2022 年我国软件业利润总额走势

数据来源：工业和信息化部运行监测协调局（2023.3）

图 2-3　2022 年中国软件名城软件业务收入及增长情况

数据来源：工业和信息化部运行监测协调局（2023.1）

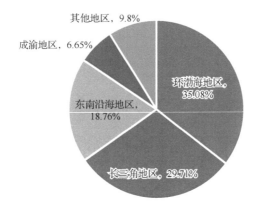

■ 环渤海地区 ■ 长三角地区 ■ 东南沿海地区 ■ 成渝地区 ■ 其他地区

图 2-4　2022 年我国软件和信息技术服务业区域分布

数据来源：工业和信息化部运行监测协调局（2023.1）

二、关键软件发展稳步迈进，开源发展步伐持续加快

软件产品收入平稳较快增长。2022 年，软件产品收入 26583 亿元，同比增长 9.9%，增速较上年同期回落 2.4 个百分点，占全行业收入比重为 24.6%。其中，工业软件产品实现收入 2407 亿元，同比增长 14.3%，高出全行业整体水平 3.1 个百分点。

2022 年，国内基础软件厂商借助开源模式向业界领先水平持续迈进，产品好用性、易用性明显提升。平凯星辰 TiDB 开源数据库成为我国唯一入选 2022Gartner"客户之声"的分布式云数据库产品。开源操作系统 OpenCloudOS 实现对三大主流 CPU 架构全适配。统信操作系统生态适配数量已突破 60 万个，欧拉操作系统累计装机量已超过 170 万套，搭载 HarmonyOS 的华为设备与鸿蒙智联设备数量已突破 5.7 亿台。在工业软件方面，产品供给能力持续提升。制造业重点领域企业数字化研发设计工具普及率、关键工序数控化率分别达到 75.1%、55.7%，工业技术软件化基础能力进一步夯实。

当前，开源作为一种开放、平等、协作、共享的软件创新模式，已覆盖软件开发的全域场景，开辟了软件产业生态竞争新赛道。从参与主体看，科研院校、行业协会等非企主体参与开源的热情在持续增长。截至目前，由我国主导的开放原子开源基金会已拥有白金、黄金、白银级企业捐赠人 48 家。从开源影响看，《2022 中国开源发展蓝皮书》显示，虽然龙头企业引领我国开源发展的整体态势维持不变，但平凯星辰、飞致云等初创企业凭借其"撒手铜"级项目，在 GitHub 上的影响力甚至一度超过了腾讯、华为、京东等传统大厂。从商业化发展看，我国开源初创企业开始受到更多资本投资者的关注，在数据库、云原生、人工智能等领域的投融资行为与金额明显增多。

三、软件服务持续引领行业发展，平台型信息技术服务走向国际舞台

产业服务化转型持续加快，软件产品和软件服务融合发展形成一体化软件平台并不断演变，产业模式则从"以产品为中心"向"以产品+服务为中心"转变。以平台运营服务、云服务、数据服务为核心的信息技术服务业规模比重持续上升。2022年我国软件和信息技术服务业分领域占比情况如图 2-5 所示。2022 年，信息技术服务收入 70128 亿元，同比增长 11.7%，高出全行业整体水平 0.5 个百分点，占全行业收入比重为 64.9%，成为构建软件产业全球竞争力的主要力量。其中，云服务、大数据服务共实现收入 10427 亿元，同比增长 8.7%，占信息技术服务收入的 14.9%，占比较上年同期提高 2 个百分点；集成电路设计收入 2797 亿元，同比增长 12.0%；电子商务平台技术服务收入 11044 亿元，同比增长 18.5%。

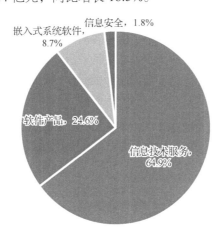

图 2-5 2022 年我国软件和信息技术服务业分领域占比情况
数据来源：工业和信息化部运行监测协调局（2023.1）

当前，全国一体化政务服务平台基本建成，电子政务在线服务指数排名从 2012 年全球第 78 位提高到目前的第 9 位。以消费互联网为主的平台运营服务成为产业规模重点增长极。平台型企业不断寻求海外业务新增长点，东

南亚再次成为华为、阿里云业务"出海"首站，TikTok 全球用户已超过 12 亿户，跨境电商平台 SHEIN 的 2022 年营收达到 230 亿美元。云计算普及带来付费模式、商业模式和业务模式的变革，为企业建立研发投入—市场盈利正循环体系开辟新路径。

四、软件企业"头部方阵"初具雏形，多元主体加速布局软件市场

在政策和市场的双轮驱动下，我国软件企业实力不断提升，2022 年企业总数达到 3.5 余家，涌现一批拥有核心竞争力的骨干企业。在领军企业方面，2022 年 12 月我国 A 股软件和信息技术服务业上市公司 320 家，阿里巴巴、腾讯市值在全球位列前十。软件百强已经形成我国软件企业的"头部方阵"，并在创新研发、生态构建中发挥越来越重要的作用。在中小企业方面，截至目前，我国信息传输、软件和信息技术服务业领域专精特新"小巨人"企业达到 370 余家，在各自细分领域已初步建立起市场优势，其中 61 家已上市。

此外，随着"软件定义"持续深化，软件在赋能实体经济变革中的作用日益凸显，各行业企业不断加强软件能力建设，成为推动软件产业创新发展的新生力量。一方面，以软件为主营业务的企业逐渐聚焦主业，在基础软件、工业软件等短板领域深耕细作。信息与通信技术（Information and Communication Technology，ICT）企业聚焦自主化与数字化转型场景，加大软件产品与 SaaS 布局。其中，互联网平台企业基于资本与流量优势开发软件产品并走在前列，如阿里巴巴 OceanBase 数据库和 AliOS 车载操作系统；华为云、新华三等云服务商基于行业服务下沉至城镇、县域市场。另一方面，行业企业近年来将软件作为发展重点，逐渐剥离软件业务成立软件子公司，如宁德时代注资 32 亿元成立软件子公司，上汽、长安、吉利等国内车企先后成立软件子公司。

五、央地联动推进体系愈发完善，产业集群成为高质量发展"先导区"

近年来，我国软件产业发展环境不断优化，形成了以"政策标准引领、产业集群支撑、公共平台服务"为核心内容的发展环境，为软件生态构建提供坚强保障与前进动力。

从产业推进体系看，部省市各级主体同频共振加快各项工作联动布局，

宏观、惠企及细分等政策不断完善，实现各地政策、人才、资本等要素资源加速汇聚。在国家层面，国家软件发展战略、国发 8 号文、"十四五"软件产业发展规划等相继出台，中国软件名城、名园管理办法即将发布，软件首版次应用政策正在制定。在地方层面，中国软件名城及试点城市部省市协同共建机制不断完善，江苏、上海、浙江、重庆、四川等 9 个省市，以及厦门、宁波、武汉等 3 个副省级城市连续出台了软件产业"十四五"规划。截至目前，全国范围内共 235 家次完成《数据管理能力成熟度评估模型》（GB/T 36073—2018）（DCMM）贯标评估，我国首个对标国际 CMMI（能力成熟度模型集成）评估的软件能力成熟度模型（CSMM）发布。

从产业集群发展看，截至目前，我国已培育形成 14 个中国软件名城、4 个软件相关的国家先进制造业发展集群、3 个五星级和 13 个四星级软件方向的新型工业化产业示范基地等软件产业集群（如表 2-1 所示），建成了较为完备的投融资、知识产权、人才培养等公共服务体系，集聚了大量的资本、人才、数据等要素资源及企业、机构等主体，在政策引导、产业链协同、应用场景开放等方面探索了新模式、新经验，成为软件产业高质量发展的"主战场"、数字产业集群建设的"排头兵"，为我国关键软件技术攻关和自主产业生态培育等战略任务的实现提供了核心动能。

表 2-1 我国软件产业相关集群列表

国家先进制造业发展集群	
省　份	集　群
江苏	南京市软件和信息服务集群
	无锡市物联网集群
安徽	合肥市智能语音集群
四川	成都市软件和信息服务集群

新型工业化产业示范基地		
星　级	省　份	基　地
五星级	北京	北京中关村科技园区海淀园
	广东	深圳软件园
	山东	青岛软件园
四星级	天津	天津滨海高新区软件园
	上海	上海市北高新技术服务业园
		上海紫竹高新技术产业开发区

续表

星　　级	省　　份	基　　地
四星级	上海	上海浦东软件园
	江苏	南京雨花软件园
	安徽	合肥高新技术产业开发区
	福建	福州软件园
		厦门软件园
	山东	齐鲁软件园
	湖北	武汉洪山区
	广东	广州天河软件园
	陕西	西安高新区软件园
	辽宁	大连高新技术产业园

数据来源：工业和信息化部官网。

六、软件业务出口形势好转，外包服务收入好转

2022 年，软件业务出口保持增长，而上一年度出口规模增长乏力。2022 年，软件业务出口 524.1 亿美元，同比增长 3.0%，增速较上年同期回落 5.8 个百分点。其中，软件外包服务出口同比增长 9.2%。从 2015—2022 年我国软件业务出口增长情况（如图 2-6 所示）看，我国软件业务出口规模增速波动较大，出口规模从 2015 年的 495 亿美元增长到 2022 年的 524.1 亿美元。

图 2-6　2015—2022 年我国软件业务出口增长情况
数据来源：工业和信息化部运行监测协调局（2023.1）

从月度出口增长情况（如图 2-7 所示）看，2022 年 1—12 月出口情况较为平稳，整体增速相较上年同期下降。

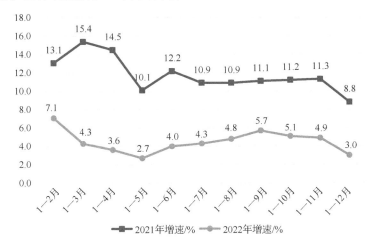

图 2-7　2021 年、2022 年我国软件业务月度出口增长情况

数据来源：工业和信息化部运行监测协调局（2023.1）

行　业　篇

第三章

基础软件

基础软件主要包括操作系统、数据库、中间件、办公软件等。基础软件是新一代信息技术产业发展的基础引擎，在软件和信息技术服务业中扮演着至关重要的角色。基础软件既是国民经济建设信息化、数字化、智能化的中枢环节，又是新型基础设施建设的重要支撑力量。积极推动国产基础软件发展，对于加快数字经济发展、推动数字中国建设、提升国家安全保障能力具有重要意义。

一、发展概况

（一）操作系统领域

根据 StatCounter 统计，截至 2023 年 4 月，在全球桌面操作系统市场中，Windows 占有率为 63.13%，macOS 为 17.78%，Chrome OS 为 3.74%，Linux 为 2.83%。与 2021 年数据相比，Windows 市场份额下降较为明显，其原因可归结为其竞争对手的激烈竞争。随着苹果自研 M 系列芯片的推出，其对产品性能和电池续航的显著促进有效带动了 Mac 电脑产品的销量，从而使 macOS 市场占有率持续提高。在新冠疫情期间，Chromebook 在北美地区学前教育、中小学教育市场中持续发挥了重要作用，也推动了 Chrome OS 市场占有率稳步提高。在 Windows 各版本市场占有率统计中，Windows10 的市场占有率持续走低，截至 2023 年 4 月，Windows10 的市场占有率仅为 71.45%；而作为最新版本的 Windows11，其市场占有率已提高至 23.01%。此外，随着微软正式停止对 Windows7 的全面支持，其市场占有率也进一步从 2021 年的 12.91% 降低至 3.78%。国内桌面操作系统市场分布情况与国外有较大差异，其中

Windows 市场份额下滑并不明显，依然达到了 81.56%；macOS 和 Linux 的市场占有率分别为 6.33%、0.75%。随着信创工作的持续深入推进，国产操作系统发展也取得了显著成效，国产品牌继续维持了平稳增长态势。UOS、麒麟、openEuler 等国产品牌的生态建设步伐进一步加快，正逐渐成为国内自主产业生态的"中流砥柱"。面向云原生、嵌入式等新场景、新领域的国产操作系统发展持续加快，涌现出 OpenCloudOS、SylixOS 等一批优秀产品。同时，随着智能网联汽车、智能家居、卫星等新场景、新平台对算力需求的逐渐增长，有望推动面向泛在场景需求的下一代操作系统持续孕育发展。此外，伴随着以 GPT 为代表的大模型产品的不断"出圈"与火热发展，可以预见的是，操作系统加快与 AI 大模型深度融合发展，将成为未来消费端操作系统的主流发展趋势。

（二）数据库领域

经过半个多世纪的发展，全球数据库产业链已趋于成熟稳定。公开数据显示，目前全球已拥有超过 360 家数据库企业，主要分布在中国、美国和欧洲。在全球范围内，数据库产品数量已突破 500 款，其中来自中国、美国的产品占比分别达到了 30% 与 40%。公有云数据库市场的增速十分显著，来自美国与欧洲的厂商目前保持了领跑地位。换言之，目前中国、美国、欧洲已成为影响全球数据库产业发展演进的三股重要力量。近年来，在国家政策的持续引导和支持下，国内老牌数据库厂商的技术创新与产品研发稳步推进，互联网公司及商业开源公司成为重要"搅局者"，其研发的新型数据库也在不断取得新突破。根据墨天轮在 2023 年 4 月发布的中国数据库流行度排行榜，OceanBase 已连续 5 个月位居第一，TiDB 位居第二，达梦位居第三。在数据库类型方面，国产数据库仍然以关系型产品为主，其占比几近六成。在数据库发展模式方面，开源已成为当前推动数据库发展的重要力量。当前，美国商业数据库与开源数据库数量基本持平，而我国仍然以商业数据库产品为主。国产数据库创新应用与推广成效显著，以金融领域为例，国内众多银行和保险公司开始积极探索分布式数据库在金融业务中的应用，部分银行已经开始尝试在核心交易系统中进行分布式改造。随着国产数据库在可靠性、易用性等方面的持续提升，有理由相信未来将有越来越多的国产数据库产品被应用到交通、物流、教育、通信、医疗卫生等其他领域，带动国产数据库产业进入"百家争鸣"的新发展阶段。

（三）中间件领域

中间件是介于应用系统和系统软件之间的一类软件，它使用系统软件所提供的基础服务（功能），衔接网络上应用系统的各个部分或不同的应用，能够达到资源共享、功能共享的目的。按照应用领域，中间件可划分为基础类、数据类、云计算类三种。不同类别中间件所使用的技术不尽相同。国外知名中间件厂商主要包括 IBM、甲骨文、微软、亚马逊和 Salesforce。其中，IBM 和甲骨文在中间件领域布局较早，凭借多年的技术积累及市场化并购行为，两家企业市场份额已经基本位居市场前列。国内主要的中间件厂商包括东方通、中创、宝兰德等，此外还有普元信息、金蝶天燕等多家从事中间件产品研发、销售的公司。其中，东方通主要面向金融、电信等行业内的企业级客户，在一众国产厂商中的市场占有率最高。宝兰德的客户主要集中在电信行业。普元信息以定制化平台和应用开发为主，主要客户为金融行业的企业级客户。近年来，随着云计算、5G、大数据、人工智能等技术的成熟与普及应用，中间件产品云化、平台化、移动化发展持续加快，国内厂商纷纷开始加大对云计算架构适配、传统中间件升级的投入，新产品不断涌现。这种趋势也持续影响着中间件企业的发展策略与市场竞争格局。国内中间件市场规模一直保持稳定增长。中商情报网数据显示，2022 年我国中间件市场规模约为 98.4 亿元，预计 2023 年市场规模将达到 108.7 亿元。考虑到中间件和数据库、操作系统等捆绑销售的情况，实际未来的市场空间将会更大。

（四）办公软件领域

据 GIR（Global Info Research）调研，按收入计，2022 年全球办公软件收入大约 524.6 亿美元，预计 2029 年将达到 1000.7 亿美元，在 2023 年至 2029 年期间，复合年增长率（CAGR）为 9.7%。由于办公软件产品技术门槛较高，目前在办公软件领域，存在的厂商数量并不算多。国外相对主流的办公软件产品主要有 Microsoft Office（微软）、G Suite（谷歌）、iWork（苹果）等，而国产办公软件以 WPS Office（金山办公）、永中 Office（永中）、中标普华 Office（中标）为主。相较国外产品，国产办公软件企业通过提高产品兼容性和持续研发创新，积极匹配国内用户个性化需求，不断优化用户体验，凭借更灵活的定价策略和便利的售后服务，近年来在桌面办公软件市场份额方面取得了显著突破。以金山办公的 WPS Office 为例，其研发的 Linux 版本已经全面支持国产 PC 架构（如申威、飞腾、兆芯等自主芯片）和统信、麒麟等国产操作系统，现已经在党政、金融、能源、航空等多个重要领域得到全面应用，特别是在央企、国有银行、股份银行等重点企业中的市场占有率已超过 85%。

二、发展特点

（一）技术特点

开源成为国产基础软件弯道超车的重要力量，社区建设成为操作系统厂商当下新的发力点。受益于国家政策支持和市场需求扩张，国产操作系统厂商迎来快速发展机遇，成长势头迅猛。近两年，麒麟软件、统信软件的人员规模均由 200～300 人扩充至现在的 2000 余人。同时，国产操作系统企业着力推进技术研发，并加快进入开源社区寻求新的技术与生态建设突破。例如，统信软件发展至今，已经连续两次转换技术发展赛道，先后从上游 Ubuntu 转向 Debian，又从 Debian 转向更为上层的 Linux Kernel，不断向上层技术社区进行深入探索。OpenHarmony、OpenCloudOS、openKylin、openEuler 等国产自主操作系统项目社区发展步伐也在持续加快。截至 2023 年 3 月，OpenHarmony 已吸引 51 家共建单位、超过 5100 名开发者参与社区共建，并通过开源开发者成长计划等活动，共计培养了 200 万名全球生态开发者；openEuler 社区用户数量已经接近 110 万户，贡献者数量达到 13000 余名，拥有 801 家单位会员。2022 年 6 月，我国首个桌面操作系统开源社区 openKylin 成立，截至 2022 年底已吸引基础软硬件、应用软件、安全、AI 及高校等方面的 140 余家单位加入。截至 2022 年底，OpenCloudOS 社区及衍生版本装机量累计已超过 1000 万台，生态伙伴成员已超过 500 家。

（二）市场特点

国产云数据库市场拓展步伐持续加快。传统商业数据库因其价格昂贵、运维难度大、扩展性和可用性低，正逐步受到新型云数据库的挑战。特别是在企业加快上云的大背景下，云数据库因具备云计算的弹性能力，以及开源数据库的易用、开放等特点，逐步成为企业数据库的另一选择。可以预见，未来云数据库将成为数据库的另一种重要形式。在此背景下，国产云数据库市场拓展取得了明显突破。以 openGauss 数据库为例，凭借其出色性能获评

2022 年度"CCF 科技成果奖"下设的"科技进步特等奖",其开源社区自 2020 年 6 月 30 日正式建立后,截至 2023 年 3 月,openGauss 社区下载量已超过 106 万次,遍及 96 个国家的 762 个城市,注册用户数已经超过 160 万户,集聚了超过 4500 名贡献者。阿里云推出的 OceanBase 数据库,自 2022 年底便一直占据墨天轮中国数据库流行度排行榜第一的位置,其开源社区建立至今,发布了超过 450 个专栏博客与 800 个文档知识库,目前已累计吸引超过 160 名外部开发者加入。

(三)产品特点

移动远程办公为国产办公软件发展突破提供新机遇。金山办公的 WPS Office 此前受限于微软 Microsoft Office 产品在全球的实质性垄断,一直以来在市场占有率方面不温不火,产品的市场应用推广一直受挫。新冠疫情反复出现而使人们形成的远程办公习惯,以及其出色的云服务能力,都让金山办公的 WPS Office 逐步在办公软件这一细分领域显现其竞争力。从国内办公市场看,WPS Office 在国产产品中具备明显的领先地位,遥遥领先于其他竞争对手。随着其产品的持续打磨,移动版与桌面版的协同体验不断完善,使其得到了国内众多消费者的一致好评。而在面向 Linux 环境的办公软件中,WPS Office 的发展势头也是最迅猛的。首先,微软基本没有推出相关产品,而永中、中标等国内竞争对手,与金山办公相比仍存在较大差距,WPS Office 的头部效应愈发凸显。此外,随着 2023 年 4 月 WPS Office 官宣将接入 ChatGPT 等大模型,国产办公软件的产品竞争力与市场格局有望迎来新一轮的发展。

第四章

工业软件

　　工业软件是针对工业领域应用开发的，面向工业企业研发设计、生产控制、运营管理等工业领域各流程的指令集合。工业软件蕴含工业领域专业知识和技能，通过软件化、程序化封装，使工业企业实现数字化设计、仿真、生产控制和流程自动化，包括 CAD、CAE、EDA、MES、SCADA 等传统工业软件，也包括在工业互联网平台上运行的工业 App 等新型工业软件。党的二十大报告强调，推进新型工业化，加快建设制造强国。工业软件在推进新型工业化过程中发挥重要的基础支撑作用。随着产业基础再造等各项政策措施的落地实施，我国工业软件供给能力持续优化。2022 年，工业软件产品实现收入 2407 亿元，同比增长 14.3%，为建设现代化产业体系提供了关键共性基础。

一、发展概况

（一）产业规模

　　进入"十四五"时期，党中央、国务院进一步明确新时期促进我国软件业高质量发展战略思路和重点举措，密集推出《"十四五"软件和信息技术服务业发展规划》《"十四五"信息化和工业化深度融合发展规划》《"十四五"智能制造发展规划》等系列政策。其中，工业软件作为基础工程之一，重要性逐步得到认可，工业软件共性基础技术攻关、核心产品供给、行业应用迭代等成为政策发力点，进一步部署攻关工业软件等重点任务，强化工业软件基础支撑作用。自 2021 年工业软件被首次列入国家重点研发计划重点专项开始，"工业软件"重点专项工作有序开展，且随着更多工业软件支持政策加速落地，工业软件发展步入快车道。公开资料显示，2017 年至 2021 年我国工业软件市场规模分别为 1293 亿元、1477 亿元、1720 亿元、1974 亿元和

2414 亿元，2022 年工业软件市场规模继续维持在两千亿元以上，达到 2407 亿元。2017—2022 年我国工业软件市场规模及增长如表 4-1 所示。

表 4-1　2017—2022 年我国工业软件市场规模及增长

项　　目	2017 年	2018 年	2019 年	2020 年	2021 年	2022 年
市场规模/亿元	1293	1477	1720	1974	2414	2407
同比增长	—	14.2%	16.5%	14.8%	22.3%	-0.3%

数据来源：赛迪智库整理（2023.5）。

（二）产业结构

按应用场景和功能，工业软件大体可以分为研发设计类工业软件、生产控制类工业软件、信息管理类工业软件，以及与硬件紧密结合的嵌入式工业软件四大类。其中，研发设计类工业软件主要用于提升企业研发和设计效率，包括计算机辅助设计（CAD）、计算机辅助工程（CAE）、计算机辅助制造（CAM）、电子设计自动化（EDA）、建筑信息模型（BIM）、产品生命周期管理（PLM）等；生产控制类工业软件主要服务于工业企业生产制造，包括制造执行系统（MES）、数据采集与监视控制系统（SCADA）、集散控制系统（DCS）、安全仪表系统（SIS）、可编程逻辑控制器（PLC）、现场总线控制系统（FCS）等；信息管理类工业软件主要用于企业日常经营管理，包括企业资源计划（ERP）、企业资产管理（EAM）、客户关系管理（CRM）、人力资源管理（HRM）、供应链管理（SCM）等；嵌入式工业软件主要是指嵌入在硬件产品或设备中的系统和软件，有通信设备、消费电子、工业控制和汽车电子四大类。

从细分领域看，我国研发设计类工业软件基础最为薄弱，国产化率最低，不足 10%，中高端市场主要依赖国外产品供给；嵌入式工业软件发展较好，国产工业软件占比最高，超过 50%；生产控制类和运营管理类工业软件依托国内巨大市场，产品性能和稳定性不断增强，国产软件市场占有率持续提升。

二、发展特点

（一）政策推动特点

在国家层面，重视工业软件基础支撑作用和技术创新突破。党中央、国务院及各部委高度重视软件产业，尤其是事关工业信息化命脉的工业软件产业。工业是我国支柱性产业，推进新型工业化是构筑大国竞争优势的迫切要求，工业软件作为制造强国和网络强国的工业基础工具，在助力推进新型工业化道路上发挥着重要作用。"十四五"时期，国家深入实施制造强国战略，实施产业基础再造工程，2021 年 2 月，首次将工业软件纳入科技部国家重点研发专项，工业软件重要性被加强；《中华人民共和国国民经济和社会发展第十四个五年规划和 2035 年远景目标纲要》发布，强调通过创新驱动发展，补足产业基础，并明确由基础零部件及元器件、基础软件等"五基"组成的产业基础再造工程；工业和信息化部发布《"十四五"软件和信息技术服务业发展规划》，提出多项举措，合力发展工业软件，涉及研发、设计、仿真等各类工业软件，并提出加强供需对接，强化合作创新；多部门联合发布《"十四五"智能制造发展规划》，提出提升工业软件技术水平和市场竞争力要求，强化工业软件基础支撑作用，并细化工业软件市场化发展目标。党的二十大报告提出，以国家战略需求为导向，集聚力量进行原创性引领性科技攻关，工业软件是我国推进制造强国、网络强国的核心产品，必须将关键核心技术掌握在自己手里，从根本上保障国家经济安全和国防安全。

在地方层面，更加重视重点工业软件企业培育和工业软件深入融合应用深化。各地在贯彻落实制造强国、网络强国、数字中国等重要战略部署中，将工业软件作为支撑智能制造、产业数字化转型的基础工具，各省市相继出台工业软件支持政策，一些基础良好的省市更是基于本地优势，加速工业软件应用迭代，积极创建中国软件名城、名园，以软件产业集聚发展，做大工业软件产业。截至 2021 年底，共有 14 个城市被认定为"中国软件名城"，6 个城市正在创建中。其中，苏州、青岛、重庆、沈阳等多地以发展工业软件为重要抓手，推进软件名城申报工作；上海、广州、成都等工业基础良好的地方纷纷出台工业软件高质量发展行动计划，加大供应软件产业扶持力度，培育工业软件龙头企业，支持共性基础技术研发，借助本地产业优势，加快新一代信息技术与先进制造业深度融合，在重点领域开展先行先试，构建国家工业软件产业发展高地。

此外，工业软件创新发展，人才起基础作用。工业软件兼具"软件"和"工业"双重属性，工业软件研发需要软件开发创新能力与工业产业操作能力兼具的复合型人才，而我国复合型人才培养机制尚不健全。为弥补我国工业软件巨大人才缺口，《特色化示范性软件学院建设指南（试行）》聚焦关键基础软件、大型工业软件等领域，培育建设工业软件等特色化示范性软件学院，明确工业软件学院建设目标、定位、建设思路和体制机制，首批确定 14 家高校围绕大型工业软件方向开展学院建设，开展特色化工业软件人才培养教育。

（二）企业发展特点

工业市场和需求庞大，带动国产工业软件产业发展。数据显示，我国制造业增加值占全球制造业比重由 2012 年的 22.5% 增长至 2022 年的 30% 左右，制造业规模连续 13 年居全球首位，而工业软件全球市场规模占比不足 8%，与我国排名第一的制造业地位极为不符。当前，我国已经形成规模大、体系全、竞争力较强的制造业体系。与此同时，我国制造业智能化水平整体不高，转型需求强烈，国产工业软件市场需求和发展前景巨大。此外，受国际复杂环境影响，美西方多次对我关键软件（如 EDA、MATLAB 等）实施断供，我国制造业高质量发展受到挑战。没有工业软件，生产制造只能停留在机械自动化阶段；没有高端工业软件，高端装备无法设计、制造和运行；没有自主工业软件持续"造血"赋能，新型工业化难以实现。在我国数字化转型的关键时期，工业软件这一数字化底座的核心技术必须取得突破，这也为国产工业软件加速发展提供契机。

工业软件企业受到重视，国产工业软件企业在中低端市场发展良好。随着智能制造、产业数字化转型的实施，工业软件作为推动制造业高质量发展的关键要素的战略价值愈发凸显。我国工业软件企业持续受到关注，加大研发投入，在关键技术、市场占有率等方面取得阶段性成果。从企业供给能力看，在部分领域，借助庞大制造业应用场景，国产工业软件企业在特定行业实现突破。例如，中控技术的国产集散控制系统（DCS）在国内市场的占有率已超过 30%，在化工、石化、建材 3 个行业排名第一；安全仪表系统（SIS）的国内市场占有率为 25%，排名第二。从资本市场看，工业软件企业获得资本青睐，融资规模也较以往有较大提升，部分龙头企业基于规模优势正逐步迈向高端市场。数十家设计、仿真、生产控制等工业软件企业登陆国内资本市场，企业融资能力得到增强。Wind 数据显示，2021 年和 2022 年，共有 15 家工业软件企业上市，募集资金超过 225 亿元。

各类工业软件国产化水平参差不齐，发展国产工业软件任重道远。整体而言，尽管我国本土工业软件企业实力大幅提升，但是与国外相比，在市场规模和研发实力等方面还存在较大差距。从高端市场来看，基本被以达索系统、西门子、罗克韦尔、施耐德、Autodesk、PTC、SAP、Oracle、ABB 等为首的大型工业软件龙头企业所占据。国产工业软件企业长期市场缺位，在研发基础、关键核心技术积累等方面无法与国外企业抗衡，国外软硬件组成联盟，提供完整解决方案，国内企业早期"重硬轻软"，软件未跟随机械硬件、装备获得长足发展。从细分市场看，各类工业软件企业发展水平差别较大。其中，嵌入式工业软件和生产控制类、信息管理类工业软件凭借庞大工业企业市场，孕育出一批龙头企业，在中低端市场发展势头良好。例如，生产控制类工业软件企业宝信软件，借助在特定行业优势，成为钢铁冶金 MES 领域的龙头企业；石化盈科也背靠石油化工产业需求，专注石油化工 MES 解决方案，成为该行业的龙头企业；用友和金蝶在 ERP 的中低端市场占有率约为 70%，蓄力向高端市场发起挑战。研发设计类工业软件基础薄弱，仍以海外产品供给为主，国产化率最低，不足 10%，存在较大发展空间。

（三）技术发展特点

技术趋势一：设计和仿真一体化。当前，CAD 和 CAE 紧密联系起来，一些工业软件企业开始尝试跨越、整合两个领域，实现设计工具和仿真工具的无缝连接，即设计即仿真，将成为工业领域的标配。①CAD 向 CAE 领域延伸，当前主流 CAD 软件（如 SolidWorks、CATIA 等）提供 CAE 分析功能，意味着制造端的前置，使得设计要承担更多传统上样机与测试的功能。②CAE 向 CAD 领域兼容，实现 CAE 几何模型向 CAD 系统转移的能力，如 Ansys 提供实体建模工具，共享底层数据。③CAD 和 CAE 集成，CAD 和 CAE 软件均提供可调整的参数化模型。国外工业软件巨头通过并购重组，进一步完善产品线，向 CAX+PLM 一体化发展；我国中望软件也通过提升技术，打造设计、制造、仿真于一体的 CAX 平台。

技术趋势二：从工具向平台演进。"制造业服务化"的趋势促使工业软件从整个设计—制造过程中获取更多价值，催生了软件平台服务。工业软件供应商试图从整个设计—制造过程中进一步提取价值，将设计的前端和制造的后端直接连接起来。例如，达索系统耗费 4.25 亿美元收购制造业 ERP 软件公司 IQMS，进一步扩展 3DEXPERIENCE 平台，计划以一体化的方式为中小型制造商提供解决方案。工业软件正逐步摆脱单一的工具属性，通过集成多种软件技术，成为支撑企业多项业务的使能平台。

　　技术趋势三：云计算颠覆软件开发和交付模式。随着工业软件平台化的推进走向正轨，工业软件也开始向云端迁移，工业互联网的快速发展为基于云原生的工业软件提供了绝佳的沃土。从供给侧看，工业软件云化成为全球趋势，工业软件国际巨头纷纷推出云化工业软件产品，如西门子推出的Teamcenter X、达索系统的 3DEXPERIENCE 等。我国华为、腾讯等云服务商也积极打造云原生工业软件生态，为国产工业软件云化提供基础保障。工业软件云化使得其商业模式从"一次买断"向"持续订阅"服务模式转变，通过订阅服务模式，建立和维系开发商和客户间长期稳定合作关系，培养国产工业软件使用习惯，形成国内用户客户群。Autodesk 历时十多年基本完成订阅化；我国工业软件企业广联达在国内部分区域启动订阅式模式，和应用企业实现共赢合作、迭代优化。基于云的工业软件订阅模式正日益成为本地软件安装环境之外的一种选择。

第五章

信息技术服务

一、发展概况

信息技术服务是以软件技术、网络技术等信息技术为支撑提供的对信息的采集、存储、传递、处理及应用等服务性工作的总称。根据《国民经济行业分类》（GB/T 4754—2017）（2019 年修改版），软件和信息技术服务业可分为软件开发、集成电路设计、信息系统集成和物联网技术服务、运行维护服务、信息处理和存储支持服务、信息技术咨询服务、数字内容服务、其他信息技术服务业等。

（一）产业规模

2022 年，在国家政策支持、市场需求增加、技术突破驱动下，我国信息技术服务收入持续增长，增速水平依旧领先，整体保持平稳向好发展态势。工业和信息化部数据显示，2022 年，我国信息技术服务收入 70128 亿元，同比增长 11.7%，高出全行业整体水平 0.5 个百分点，占全行业收入比重为 64.9%。2017—2022 年我国信息技术服务业规模及增速如图 5-1 所示。

（二）产业结构

2022 年，信息技术服务业整体发展态势较好，收入增速持续领跑全行业。其中，云服务、大数据服务合计实现收入 10427 亿元，同比增长 8.7%，占信息技术服务收入的 14.9%，所占比重较 2021 年同期提高 2 个百分点；集成电路设计实现收入 2797 亿元，同比增长 12.0%；电子商务平台技术服务实现收入 11044 亿元，同比增长 18.5%。

图 5-1　2017—2022 年我国信息技术服务业规模及增速

数据来源：工业和信息化部官网（2023.1）

（三）产业创新

2022 年，在系统集成、咨询服务等传统的信息技术服务规模不断扩大的同时，以云计算、大数据、人工智能等为代表的新一代信息技术加速突破，推动信息技术服务新模式、新形态不断涌现，同时赋能信息技术服务向全栈式、一体化发展。从技术创新看，我国信息技术服务业核心技术不断取得突破，我国在云计算、大数据、人工智能、区块链、量子信息等新兴技术方面已迈入全球第一梯队，国际影响力持续提升。在云计算方面，我国的大规模并发处理、海量数据存储等关键核心技术及容器、微服务等新兴技术部分指标已达到国际先进水平；在大数据方面，我国专利公开量约占全球的 40%，骨干互联网公司已具备自主开发和运维超大规模大数据平台的能力；在人工智能方面，我国在开源框架等核心技术方面已取得重要突破，智能芯片、智能终端、智能机器人等标志性产品的创新能力持续增强。从主体创新看，信息技术服务头部企业加速整合各类技术资源向客户提供全方位、一体化解决方案。例如，华为发布 ICT 数智化服务与软件解决方案，围绕网络规划、建设、运维、优化和运营全业务流程为运营商构筑绿色高效、安全稳健的 ICT 基础设施；联想通过提供 VPaaS、GPaaS-通用业务中台、GPaaS-技术中台和 IaaS 4 个层面的全栈产品、服务与解决方案，实现 N 个智慧行业的一体化交付。

二、发展特点

（一）规模特点

信息技术服务收入规模全行业领先，增速有所放缓。从收入规模来看，2022 年信息技术服务收入 70128 亿元，占全行业收入比重为 64.9%（约为 65%），相较软件产品收入、信息安全收入和嵌入式系统软件收入所占比重分别高出 41、63 和 56 个百分点（如图 5-2 所示）。从收入增速来看，2022 年信息技术服务收入同比增长 11.7%，增速低于上年同期 8.3 个百分点，但仍高出全行业整体水平 0.5 个百分点，相较软件产品收入、信息安全收入和嵌入式系统软件收入的增速分别高出 1.8、1.3 和 0.4 个百分点（如图 5-3 所示）。

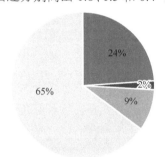

■软件产品收入 ■信息安全收入 ■嵌入式系统软件收入 信息技术服务收入

图 5-2 2022 年软件业分类收入占比情况

数据来源：《2022 年软件和信息技术服务业统计公报》

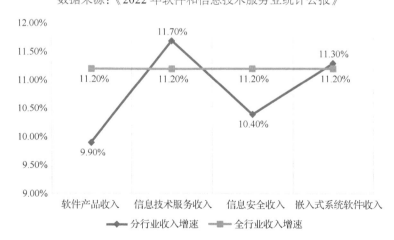

图 5-3 2022 年软件业分类收入同比增速情况

数据来源：《2022 年软件和信息技术服务业统计公报》

（二）结构特点

服务标准化规范化进程加快。当前，国民经济各领域对信息技术服务的需求持续提升，信息技术服务的范围进一步扩大，与各行业信息化建设和应用的融合进一步深入，传统的咨询设计、系统集成、运行维护等服务模式加速转型升级，对信息技术服务标准化工作提出了更高要求。在此背景下，我国信息技术服务标准化规范化进程加快。具体来看，一是信息技术服务标准体系加速完善，信息技术服务标准（ITSS）体系已发布6版，可分层次、成体系、成系统地为信息技术服务标准制修订工作提供指导；二是重点领域标准制定逐渐出台，涉及通用标准、保障标准、基础服务标准、技术创新服务标准等各领域；三是在国际标准化领域的活跃度和贡献度逐渐提升，ITSS分委会已参与数据治理、IT服务管理等15项国际标准研制，在IT外包领域国际标准制定中占据主导地位；四是标准应用推广成效突出，ITSS已在全国超过10000家企业开展了标准验证及应用，其中超过6600家单位通过标准符合性评估。

云服务向算力服务演进升级。当前，随着企业数字化进程持续加快加深及数字应用日趋多样，用户对算力数量种类、有效感知、高效利用等方面提出了更高的要求。云服务作为通用算力，是赋能企业业务单元转型的关键，正逐渐向算力服务演进，以云服务为基础的算力服务具有泛在化、普惠化、标准化的特点。一是云计算能够屏蔽不同硬件架构的差异，实现大规模异构计算资源的统一输出，可满足不同量级或不同硬件架构下的算力需求，实现算力服务的泛在化；二是云计算逐渐从单一集中式部署方式向多层级分布式部署方式演进，可全面提升算力调度能力，扩大算力服务范围，满足不同场景的需求，实现算力服务的普惠化；三是云计算具备硬件解耦、标准化封装部署等特性，可帮助实现算力的标准化输出，此外，云计算促进异构算力应用建立统一的输出标准，以避免软件被固定形式的算力需求捆绑，实现算力服务的标准化。

运维服务加速向智能化发展。传统的自动化运维有效降低了重复性运维工作的人力成本，并提高了效率，但复杂场景下的故障处理、变更管理、容量管理、服务资源等过程仍需人决策，阻碍了运维效率的进一步提升。AIOps（智能运维）通过将人工智能引入运维服务，让机器代替人做决策，使得运维服务完全自动化在真正意义上成为可能，从而大幅提升运维效率。当前，企业 IT 架构日趋复杂，数据量持续增长，人工智能技术发展迅速，推动 AIOps 进入快速发展期，越来越多的企业加速布局 AIOps 领域。例如，慧与科技推出全新 AIOps 驱动的云网络管理平台大幅提升了运维的敏捷性；华为联合天旦发布业务及智能运维解决方案，可以实现分钟级故障定界定位。随着人工智能技术的进一步成熟，AIOps 的应用场景愈发广阔，正在重塑整个运维行业。

（三）市场特点

从供给侧看，我国信息技术服务市场集中度逐渐提升。我国信息技术服务市场多年以来较为分散，不同类型、不同规模的服务商不计其数。近年来，随着信息技术服务头部企业持续加强团队建设，完善服务能力，我国信息技术服务市场集中度逐步提升。2022 年上半年，中国移动、中国电信、中国联通、华为、联想、H3C 等行业排名前八的国内信息技术服务企业市场份额相较 2021 年提升近 30%，优势愈发明显，且在市场活跃度等多个方面逐渐优于国际服务商。随着市场份额的提升，我国信息技术服务企业可以根据市场反馈逐步优化改进自身产品和服务质量，向"强者更强"发展，进入良性循环。

从需求侧看，更多传统行业数字化转型为信息技术服务带来新增长点。当前，不仅金融、电信等热门行业在大力推进数字化转型，制造、医疗等行业也在全面关注并积极推进现代 IT 项目落地。2022 年国有企业数字化转型报告显示，通过设立新的数字化部门来推动自身数字化转型进程的企业占比为 68.2%，同比增长 97%，且数字化部门领导多为企业领导班子成员，对数字化转型的重视程度和支持力度大幅提升。在此背景下，信息技术服务商加速与传统行业企业合作，挖掘新的业务增长点，进一步拓宽信息技术服务市场范围。

第六章

嵌入式软件

嵌入式软件是嵌入式系统软件的简称，是嵌入式系统中的软件部分。嵌入式系统是一种嵌入到机械或电子设备内部的专用计算机系统，由嵌入式系统软件和嵌入式系统硬件两大部分组成，可起到计算、监测及控制整个设备运行的作用，具有以应用为中心、以现代计算机技术为基础、能够根据用户需求进行软硬件模块灵活裁剪的特点。嵌入式软件是嵌入式系统的重要组成部分，是为实现嵌入式系统的特定功能而开发的软件，被业内专家称作嵌入式系统的"大脑"或"灵魂"。因用户需求的不同，不同类型的嵌入式软件在大小、功能等方面存在极大的差异性。但是，嵌入式软件在整体上具有若干共性特点，其中专用性强、与嵌入式硬件高度协同等特点最为关键。嵌入式软件的强专用性表现为，各领域所使用的嵌入式软件必须也只需满足各自领域的功能需求，并具有各自领域的特点。嵌入式软件与嵌入式硬件的高度协同表现在两个方面：一是嵌入式软件针对嵌入式硬件开发，固化在嵌入式系统中，不可修改，可最大限度挖掘软硬件能力；二是嵌入式软件本身的性能、大小及功耗等因素受到嵌入式硬件及整个被控系统的明显制约。嵌入式软件介于计算机科学（CS）和电子工程（EE）之间，在产品特点、功能及开发模式等方面与个人计算机、超级计算机等非嵌入式计算系统上的非嵌入式软件（即一般意义上的软件，或称纯软件）存在明显区别。嵌入式软件广泛应用于消费电子、工业控制、医疗设备、交通运输、航空航天、国防系统等方面，深入工业生产、国防安全、公共服务、居民生活等领域。随着科技的发展，嵌入式软件与各领域的融合不断加深，对国民经济的赋能、赋值、赋智作用更加凸显。

一、发展概况

（一）产业规模

工业和信息化部运行监测协调局数据显示，2022 年我国嵌入式系统软件收入 9376 亿元，占全行业收入比重为 8.7%，同比增长 11.3%，略高于全行业整体水平。随着我国工业化和信息化融合及数字经济和实体经济融合的持续深入、传统产业数字化转型的不断加速，以及数字中国建设的不断完善，嵌入式软件市场需求旺盛，预计嵌入式软件产业将持续保持良好发展态势。

（二）产业结构

在产业链方面，由于嵌入式系统的软硬件高度协同的特点，嵌入式软件开发和嵌入式硬件开发很难完全拆分，一般将嵌入式软件产业链视作嵌入式系统产业链的重要组成部分。嵌入式系统产业链由上游的硬件生产及嵌入式系统开发工具、中游的嵌入式系统开发、下游的具体应用组成。上游主要包括两大方向：一是嵌入式系统的硬件生产，包括处理器、存储器、外部设备、I/O 接口、图形控制器等硬件部件的生产，随着相关技术的不断发展，许多硬件已经以集成电路的方式整体提供；二是嵌入式系统开发所需的工具及环境，由于嵌入式系统不具备自身开发能力，必须借助通用计算机上的开发工具和环境。中游的嵌入式系统开发可分为嵌入式系统总体开发、嵌入式软件开发与嵌入式硬件开发三大部分。下游的具体应用非常广泛，包括通信设备、广电设备、汽车电子、交通监控设备、电子测量仪器、装备自动控制、电子医疗器械、电力监控设备、信息系统安全产品、计算机应用产品、终端设备等方面。

在软件体系方面，嵌入式软件体系与通用计算机的软件体系基本一致，从底层到顶层可分为驱动层、操作系统层、中间件层和应用层。其中，嵌入式操作系统、嵌入式数据库、嵌入式应用软件是较为常见的三大类嵌入式软件。嵌入式应用软件是嵌入式系统中必不可少的一类软件，承担系统需求的执行功能，与所属行业及具体硬件密切相关。嵌入式操作系统负责嵌入式应用软件及嵌入式硬件控制、管理、调度，根据时序功能的不同，可进一步分为嵌入式分时操作系统、嵌入式软实时操作系统和嵌入式硬实时操作系统。当前，国际主流的嵌入式操作系统产品包括 VxWorks、Windows CE、QNX

等。嵌入式数据库有时也称为进程内数据库，其库文件与应用程序代码链接，使得数据库系统功能存在于应用程序本身中，由应用程序进行访问和控制。当前，国际主流的嵌入式数据库包括 SQLite、Berkeley DB、eXtremeDB 等。部分较为简单的嵌入式系统不需要嵌入式操作系统、嵌入式数据库，所有功能由嵌入式应用软件独立完成。

在行业分类方面，我国嵌入式应用软件企业众多，嵌入式操作系统企业不断涌现。嵌入式应用软件的代表性领域包括通信设备、国防安全、工业控制、医疗电子、消费电子、信息家电等，根据客户类型可分为网络基础设施、行业应用、个人消费者三大类别。在网络基础设施领域中，典型通信设备产品包括交换机、路由器、基站设备等，国内领军企业包括华为、中兴通讯、新华三等。在各大行业应用领域中，工业控制系统是极其重要的一类产品，包括可编程逻辑控制器（PLC）、集散控制系统（DCS）、数据采集与监视控制系统（SCADA）等，国内领军企业包括和利时、中控技术等；其他行业的典型产品包括医疗电子领域的各类智能医疗设备，交通领域的视频监控、调度管理、车载终端系统等。在个人消费者领域中，典型消费电子产品包括智能手机、智能手表、机顶盒、无人机等，国内企业包括华为、小米、OPPO、vivo、大疆等；典型信息家电产品包括洗衣机、电视、冰箱、空调、微波炉等，国内企业包括海尔、海信、美的、格力等。在嵌入式操作系统领域中，国产产品与国外主流产品尚有一定技术差距，市场占有率有限，典型企业包括华为、翼辉信息、东土科技、普华、中电科 32 所、睿赛德等。

二、发展特点

（一）产业分布特点

我国嵌入式软件产业具有明显的区域集聚特点。从地区看，东部地区是我国嵌入式软件产业的主要集中区域，占比超过八成；西部地区也有一定的嵌入式软件基础；中部地区、东北地区的嵌入式软件发展水平相对较低。从省（自治区、直辖市）看，山东、广东、江苏的嵌入式软件收入位于第一梯队，近年来年收入达千万元量级；浙江、福建、重庆、四川、陕西等位于第二梯队，近年来年收入达百万元量级。从城市看，深圳、青岛两市的嵌入式软件收入遥遥领先，均突破千万元大关。

嵌入式软件产业的区域集聚特点与各地的传统优势产业链具有很大关

联，各地方政府也根据地方实际积极推动嵌入式软件发展。例如，深圳强大的电子信息产业链为嵌入式软件提供了良好的发展基础，2011 年发布的《深圳市创建中国软件名城分解实施方案》就提出"打造国际领先的嵌入式软件发展高地""打造信息通讯、医疗设备、数字电视、数字装备、汽车电子、计算机及周边设备、商用和办公设备、安防系统、消费电子和信息家电等十大嵌入式软件产业链"，2022 年发布的《深圳市推动软件产业高质量发展的若干措施》更提出"重点支持云计算、物联网、车载、移动、终端、嵌入式等操作系统及配套工具集"。再如，青岛良好的信息家电产业基础推动其嵌入式软件发展，2022 年发布的《2023 年青岛市软件和信息服务业"数智强链"专项行动计划》也明确提出"壮大嵌入式软件规模实力。面向智能家电、轨道交通、新能源汽车、高端装备等优势产业，大力推动嵌入式软件开发和应用，持续壮大产业规模"。

（二）企业发展特点

我国嵌入式软件企业数量较多，发展态势向好。从企业主营业务看，嵌入式软件企业以自给自足的硬件设备厂商为主，如华为、中兴通讯、海尔、海信、国电南瑞等；纯嵌入式软件企业的规模和数量有限。例如，在 2022 年中国软件百强名单中，华为位列第二，中兴通讯位列第五，小米位列第八，海信位列第十，国电集团位列第十二，大疆位列第十九。

从产品分类别供应看，嵌入式应用软件技术难度较小，且与产品功能结合最为紧密，基本由硬件设备厂商生产；嵌入式操作系统技术难度较大，部分产品由专注于嵌入式操作系统的企业研发，如翼辉信息的 SylixOS、中电科 32 所的 ReWorks OS、睿赛德的 RT-Thread、科银京成的 DeltaOS（科银京成已于 2017 年被东土科技收购），部分产品由操作系统企业研发，如麒麟软件的"星光麒麟"万物智联操作系统，也有硬件设备厂商开始自主研发更适合自身产品特点的嵌入式操作系统，如华为的 LiteOS、和利时的 HEROS、中兴新支点（中兴通讯的全资子公司）的 NewStart CGEL。

第七章

云计算

云计算以互联网为中心，提供安全、快速、便捷的数据存储和网络计算服务。云计算作为数字技术发展和服务模式创新的集中体现，是传统行业数字化转型的重要底座，也是实体经济数字化发展的核心引擎。近年来，我国对云计算的发展给予高度重视和大力支持，国务院及工业和信息化部等部门先后发布《中华人民共和国国民经济和社会发展第十四个五年规划和 2035 年远景目标纲要》《新型数据中心发展三年行动计划（2021—2023 年）》《"十四五"信息化和工业化深度融合发展规划》等一系列云计算相关政策法规，以引导云计算基础设施建设，提升云计算服务水平，促进云计算行业发展。当前，我国云计算市场空间逐步加大，技术创新和产业发展步伐不断加快，服务模式更加多元化，应用广度和深度持续拓展，在推动经济发展质量变革、效率变革、动力变革等方面发挥重要作用。

一、发展概况

（一）产业规模

随着数字化转型的持续深入，云计算的渗透率不断提升，市场规模持续扩张，我国云计算产业呈现稳健发展的良好态势。根据智研咨询统计，2022年中国云计算市场规模达到 4552.4 亿元，增长 33.5%。在市场份额方面，2022年上半年，阿里云市场份额最高，达到 34.5%；华为云、中国电信、腾讯云的市场份额分别为 11.6%、11.0%、10.3%，AWS 市场份额为 8.1%。预计在新基建、"东数西算"等政策影响下，中国云计算市场仍将保持快速增长。

（二）产业结构

2022 年，我国公有云由扩张阶段跨入稳定增长阶段。IDC 发布的中国公有云服务市场跟踪数据显示，2022 年我国公有云服务整体（IaaS/PaaS/SaaS）市场规模达到 354.2 亿美元。上半年，IaaS 市场同比增长 27.3%，PaaS（平台即服务）市场同比增长 45.4%；下半年，IaaS 市场同比增长 15.7%，PaaS 市场同比增长 31.8%。从 IaaS+PaaS 市场来看，2022 年下半年同比增长 19.0%，与 2021 年下半年增速（42.9%）相比下滑 23.9 个百分点，与 2022 年上半年增速（30.6%）相比下滑 11.6 个百分点，增速明显放缓。

二、发展特点

（一）产业特点

各地积极部署云计算产业，产业呈现集聚式发展态势。当前，我国各地积极布局云计算产业发展，出台云计算产业相关政策，持续加大研发投入，完善科技创新体制机制。从整体来看，我国云计算产业发展集聚效应显著，已形成长三角城市群、京津冀城市群、珠三角城市群、成渝城市群四大重点区域，与我国经济区域分布呈现高度一致性，经济发展水平和云计算产业活跃程度相互促进。此外，"东数西算"工程的全面启动实施，推动算力设施由东向西布局，带动相关产业有效转移，扩展东西部产业合作，延展东部发展空间，推进西部大开发形成新格局。云计算作为"东数西算"工程中算力的关键载体，是算力输出的重要方式。在"东数西算"工程引领之下，西部地区进一步加大云计算领域投入，云计算价值进一步释放，云计算产业加速"下沉"，区域间的"数字鸿沟"将进一步缩小。

企业上云已经进入深化阶段，云服务在各行业的应用逐渐深入。当前，在技术发展和国家政策推动下，云计算应用已从泛互联网拓展至政务、金融、汽车、医疗、交通等领域，应用不断深化。泛互联网等数字原生行业具备上云的先天优势，云服务通过赋能泛互联网行业业务管理、营销、供应链管理、数据中台、基础资源等各个环节，应用效果显著。近年来，实时音视频、短视频等新互联网场景加速增长，行业中企业普遍采用公有云作为资源底座，已实现业务加速部署。政务、金融等领域云服务持续发力，基本完成首批上云建设，其上云程度整体较高，目前正在探索更好地利用云原生等能力进行业务应用云化改造，未来也将更注重如何将人工智能、大数据、区块链等新兴技术与云计算充分融合，提升企业业务智能化水平。此外，汽车、医疗、教育等领域的上云节奏相对较慢，存在产业信息化分布不均、上云进程不统一等问题，但处于高速发展阶段，未来仍有较大增长空间。

（二）结构特点

IaaS、PaaS、SaaS 市场逐步成型，云计算呈现格局倒挂。当前，我国云计算市场呈现显著的 IaaS 和 SaaS 结构倒挂现象，即 IaaS 层保持高速增长，占比较高，SaaS 市场集中度较低，市场仍待挖掘。IaaS 厂商逐渐形成规模优势，凭借自身在各领域的行业影响力、前期积累的规模效应、一系列激励措施，吸引各细分领域的优秀服务商参与，开发融合产品及联合解决方案，实现从 IaaS 层向 PaaS 层、SaaS 层的延伸。生态的丰富能够提升企业在各垂直领域提供针对性产品及一站式解决方案的能力，形成生态后又可以进一步巩固规模优势。头部 IaaS 厂商通过良好的生态建设，可以增强相关场景下的客户黏性，使其基础设施层面的 IaaS 定价能力增强，同时通过涉及更高毛利率的 PaaS 和 SaaS 业务，可以带动云计算业务整体盈利能力的提升。目前，国内 SaaS 市场较为分散，通用型 SaaS 的各个环节（采购、HRM、协同办公等）及垂直行业型 SaaS 的各个细分行业（电商、餐饮、教育等）均有各自的头部 SaaS 厂商，整体处于"尾部"厂商挖掘细分市场需求、"腰部"厂商探索成长空间、"头部"厂商努力突破赛道天花板的阶段，但尚未出现类似美国市场市值超过千亿美元的龙头企业。

公有云由扩张阶段跨入稳定增长阶段，混合云需求不断攀升。在公有云发展方面，近年来随着企业对于大数据、微服务等产业需求的不断增长，以及 5G 商业化、AI 等新技术推动，各大公有云服务商持续加大产品研发投入力度，重视与各个行业线需求的深层适配，纷纷推出新产品，拉动公有云市场规模化稳步增长。在混合云发展方面，随着云计算技术的发展和用户需求的多样化，混合云的应用范围正变得越来越广泛。混合云兼具私有云的安全性及公有云的开放性，能够适应不同的平台需求，推动企业用户云部署更加灵活、云上业务更加丰富，更好支撑企业业务发展。对多数企业而言，混合云逐步成为最优的发展选择，尤其在开发测试生产部署、数据备份、应用负载扩充、灾难恢复等多个应用场景中，混合云为企业实现高效化、自动化管理提供了有力的技术支撑。

（三）技术特点

云原生技术加速重构云计算架构。传统的 IT 采用"生在云上"的模式，应用需要在内部开发和测试完成后，先打包为一个独立的部署包，再向云服务商申请虚拟机和存储资源，将应用部署到云平台上去使用。云原生下，应用整个生命周期都"长在云上"，其以容器、微服务、DevOps 等技术为基础，基于分布部署和统一运营管理构建云端服务，具有较强的弹性计算、服务自治、故障自愈能力和大规模可复制能力。在使用云原生技术后，开发者无须考虑底层的技术实现，可充分发挥云平台的弹性和分布式优势，实现快速部署、按需伸缩及不停机交付等。云原生以其独特的技术特点，很好地契合了云计算发展的本质需求，被看作新一代云计算的操作系统，正成为驱动云计算"质变"的技术内核。

容器技术助推云计算 PaaS 加快发展。当前，PaaS 市场的主要问题在于企业在不同的 PaaS 平台间迁移应用的难度大，且私有云无法满足各类应用的上云要求。容器技术为 PaaS 带来变革。一方面，容器技术是 PaaS 的衍生，作为标准化的容器引擎优化 PaaS 的层级并拓展其应用范围。另一方面，容器作为虚拟化的新模式，通过跨容器共享操作系统架构，只需构建简单的文件及代码库即可运行应用，以轻量化、快速、可移植性等优势在多方面战胜传统虚拟机，极大地提升数据的可迁移性和安全性，用户可以更快、更便捷地获取并高效使用第三方数据。在容器技术的推动下，我国 PaaS 市场有望进入快速发展期。

云服务向算力服务模式加速演进。云计算通过整合异构算力，屏蔽 CPU、GPU、FPGA 等不同硬件架构的差异，实现大规模异构计算资源的统一输出，推动算力服务泛在化。云计算从单一集中式部署方式逐步向多层级分布式部署方式演进，以多层级算力覆盖促进算力服务普惠化。此外，云计算所具备的硬件解耦、标准化封装部署等特性，推动算力标准化输出，并促使异构算力应用建立统一的输出标准，实现算力服务的标准化。

第八章

大数据

一、发展概况

（一）大数据产业规模持续增长

2022 年，我国大数据产业呈现良好发展态势，业务收入继续保持快速增长。据测算，2022 年我国大数据产业规模达到 1.57 万亿元，同比增长 18%，成为推动数字经济发展的重要力量。预计 2025 年，我国大数据产业测算规模将突破 3 万亿元。工业和信息化部运行监测协调局数据显示，2022 年中国云服务、大数据服务共实现收入 10427 亿元，同比增长 8.7%，占信息技术服务收入的 14.9%。

（二）数据要素市场化配置加快实践

北京、上海等 14 个地区及电力、纺织 10 个行业开展 DCMM 贯标试点，促进企业数据管理能力提升。地方数据交易探索实践不断深化。上海数据交易所持续构建"数商"生态，挂牌数据产品达到 800 个，全年交易额达到 1 亿元。北京国际大数据交易所发展"可用不可见、可控可计量"交易范式，上架数据产品 1364 个，参与主体 329 家，交易调用 7.73 亿笔。北京开展数据资产评估试点探索，发布全国首份数据资产评估报告（北京金融大数据公司）。江苏、广东等试点首席数据官制度。

（三）大数据产品及服务体系日益完善

2022 年，围绕数据要素市场培育、大数据重点产品和服务、行业大数据应用三大领域 8 个细分方向，工业和信息化部遴选出 209 个大数据产业发展试点示范项目，示范项目覆盖大数据产业链各环节，有力推动了大数据产品体系打造、商业模式创新和应用场景优化。百万工业 App 培育工程持续深化，全国面向特定行业、特定场景的工业 App 超过 60 万个。

（四）大数据融合应用不断加强

在工业大数据方面，截至 2023 年 3 月，我国两化融合指数大幅提升，工业企业关键工序数控化率、数字化研发设计工具普及率分别达到 58.6%、77%，与 2012 年相比分别提升 34 和 28.2 个百分点，工业互联网应用已覆盖 45 个国民经济大类。在农业大数据方面，2022 年全国农村网络零售额达到 2.17 万亿元，同比增长 3.6%，其中农村实物商品网络零售额达到 1.99 万亿元，同比增长 4.9%。

（五）数字基础设施支撑不断夯实

2022 年，我国 5G 基站数量达到 231.2 万个，占全球 5G 基站总量的比重超过 60%。全国已有 110 个城市达到千兆城市建设标准，移动物联网连接数达到 18.4 亿户，5G 用户达到 5.61 亿户，位居世界第一。在用数据中心 4 年年均增速达到 33%，服务器存储容量达到 800EB，算力超过 150 EFLOPS（EFLOPS 是一种计算性能单位，表示每秒钟可以执行一百万亿次的浮点运算）。北京、上海、贵州贵安、宁夏中卫等地陆续启动枢纽节点建设，编制了《北京市数据中心统筹发展实施方案（2021—2023 年）》《全国一体化算力网络国家枢纽节点宁夏枢纽建设方案》等文件，并谋划了一系列重大项目，在绿色集约建设、能源供给保障、能耗监测管理等方面进行全面部署。

二、发展特点

（一）区域格局

全国大数据区域发展水平整体呈现梯级分布。2022 年，赛迪智库信息化与软件产业研究所围绕评估我国大数据发展水平，聚焦基础环境、产业发展、融合应用 3 个关键维度，构建了由 3 个一级指数、13 个二级指标、50 余个三级指标组成的中国大数据区域发展水平评估指标体系[①]，对我国各省（自

[①] 详细指标体系及详细评估结果请见《中国大数据区域发展水平评估报告（2022 年）》

治区、直辖市）大数据政策体系、产业基础、产业链、生态体系等的发展情况进行了评价和深入对比分析。2022 年全国各省（自治区、直辖市）大数据发展水平总体指数如图 8-1 所示。从图 8-1 中可以看出，全国大数据区域发展水平整体呈现阶梯特征，大致可以分为 3 个梯队。第一梯队地区包括广东、北京、江苏、上海、浙江等 10 个省（自治区、直辖市），在发展环境、产业发展、融合应用方面全面发力，形成大数据发展整体优势，综合实力位于全国前列。第二梯队地区包括重庆、贵州等 10 个省（自治区、直辖市），通过加强政策引导和应用牵引，打造特色化产业发展模式，各地区大数据发展水平差距相对较小。第三梯队地区包括山西、甘肃等 11 个省（自治区、直辖市），基于大数据行业应用牵引数字化发展。

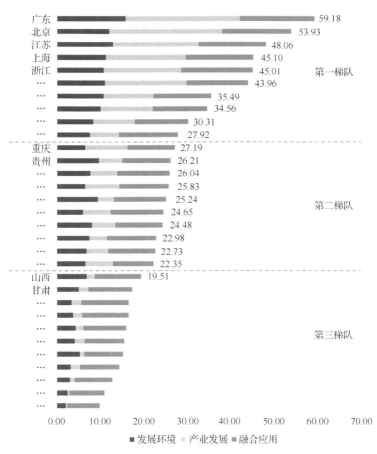

图 8-1　2022 年全国各省（自治区、直辖市）大数据发展水平总体指数

数据来源：赛迪智库，《中国大数据区域发展水平评估报告（2022 年）》

东南沿海地区综合实力全国领先。从《中国大数据区域发展水平评估报告（2022 年）》中的 2022 年全国各省（自治区、直辖市）大数据发展水平指数地图可以看出，全国大数据区域发展水平整体呈现"一纵一横""连线带面"发展态势。"一纵"即东南沿海地区，包括广东、北京、江苏、上海、浙江、山东、福建等省（自治区、直辖市），大数据发展综合实力领跑全国。"一横"即中部长江经济带，包括上海、江苏、浙江、安徽、湖北、重庆、四川、贵州等省（自治区、直辖市），大数据发展整体水平相对较高。东南沿海地区和长江经济带初步形成"连线带面"的引领态势，辐射带动周边地区大数据发展处于全国中上水平。

重大战略区域基本形成溢出带动能力。2022 年我国重大战略区域大数据发展水平二级指标得分如图 8-2 所示。从图 8-2 中可以看出，我国大数据发展已基本形成京津冀地区、长三角地区和长江经济带的"两核一带"发展格局，不同战略区域呈现不同的集聚特征。其中，京津冀地区以北京为主导，北京企业资源和创新资源优势突出，正发挥溢出带动效应，提升京津冀地区大数据发展整体水平。长三角地区大数据发展较为均衡，要素资源跨省市流动较为通畅，大数据融合应用带动产业进一步发展。长江经济带横跨我国东、中、西三大板块，从整体来看，长江经济带不同板块产业链、创新链、政策链、行业应用价值链内在循环有待优化，正通过整合资源、抱团发展，实现大数据发展新突破。

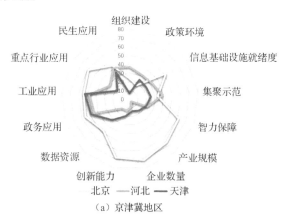

（a）京津冀地区

图 8-2　2022 年我国重大战略区域大数据发展水平二级指标得分

数据来源：赛迪智库，《中国大数据区域发展水平评估报告（2022 年）》

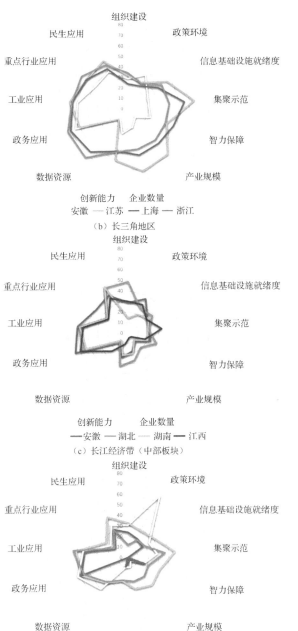

（b）长三角地区

（c）长江经济带（中部板块）

（d）长江经济带（西部板块）

图 8-2 2022 年我国重大战略区域大数据发展水平二级指标得分（续）

数据来源：赛迪智库，《中国大数据区域发展水平评估报告（2022 年）》

　　头部均衡发展，分省市各具特色。2022 年全国各省（自治区、直辖市）大数据发展水平总体指数和二级指标色阶图如图 8-3 所示。从图 8-3 中可以看出，我国大数据发展头部省市在发展环境、产业发展和融合应用 3 个一级指数得分中同样处于全国前列，大数据发展各方面优势突出，通过筑基强产和应用牵引，形成大数据协同发展合力，其中以广东、北京、江苏、上海尤为典型。浙江通过大力推进数字产业化、产业数字化、治理数字化、数据价值化协同发展，努力打造全球数字变革高地。山东建设形成大数据发展创新平台体系，累计培育 85 家省级数字经济园区。安徽围绕本地产业特色和发展需要，推动大数据与传统行业深层次融合，从而推动其大数据产业向应用拓展型发展。重庆 2022 年软件业务收入达到 2705 亿元，规模位列全国第 9 位；聚焦"芯屏器核网"，电子信息产业规模近 7000 亿元。贵州、河北则以完善基础环境为立足点，依托国家大数据综合试验区、京津冀一体化战略发展契机，完善政策体系，健全组织机构，筑牢基础设施，以发展环境驱动大数据整体进步。

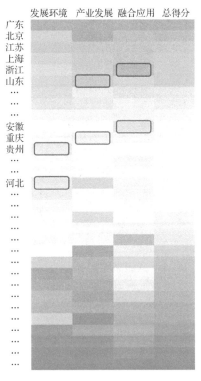

图 8-3　2022 年全国各省（自治区、直辖市）大数据发展水平

总体指数和二级指标色阶图

数据来源：赛迪智库，《中国大数据区域发展水平评估报告（2022 年）》

（二）细分领域

发展环境：东部地区基础扎实，各省市软硬环境多维发力。从图 8-4 中可以看出，全国各省（自治区、直辖市）在大数据发展环境建设方面，注重软环境和硬设施多维发力。广东大数据发展环境指数得分高居榜首，以 52.8 的得分遥遥领先。江苏、北京得分均在 40 以上，在集聚示范、智力保障方面表现突出。上海、山东、浙江、福建、四川、贵州、河北得分均在 30 以上，大数据产业发展软硬环境建设成效凸显，均进入大数据发展环境第一梯队。广东于 2022 年 7 月发布《广东省数据要素市场化配置改革行动方案》，创新构建以行政机制主导和市场为主相结合的两级数据要素市场，开展首席数据官制度试点工作，稳步推进数据要素市场化配置改革。大数据发展环境第二梯队得分为 20～30，各省（自治区、直辖市）依托自身发展禀赋在大数据发展环境建设方面各有侧重。例如，湖北、辽宁在组织建设方面优势突出，山西、广西、河南、安徽在政策环境方面位于前列。

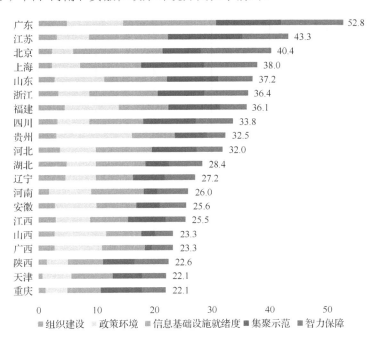

图 8-4　2022 年全国各省（自治区、直辖市）大数据发展环境指数（TOP 20）

数据来源：赛迪智库，《中国大数据区域发展水平评估报告（2022 年）》

产业发展：产业发展水平梯级分布，"强者恒强"特征明显。从图 8-5

中可以看出，全国各省（自治区、直辖市）大数据产业发展水平差距显著，整体呈现梯级分布。在大数据产业发展第一梯队中，广东、北京在产业规模、企业数量、创新能力方面优势突出，指数得分遥遥领先，产业发展水平"强者恒强"特征显著。四川、福建、重庆、湖北得分为 20～30，各省市大数据产业均衡发力，有望持续保持稳步增长。在大数据产业发展第二梯队中，各省（自治区、直辖市）产业发展呈现错位竞争态势，有望基于各地差异化基础优势，实现大数据产业发展特色赶超。其中，贵州、广西、天津注重数据资源体系建设，河南、安徽创新基础扎实，陕西在大数据产业规模方面位于前列。

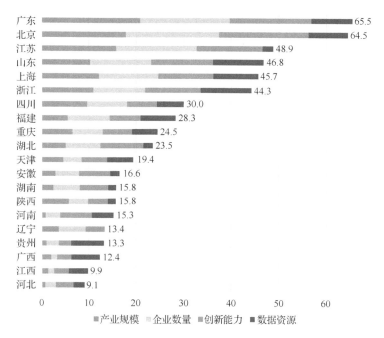

图 8-5 2022 年全国各省（自治区、直辖市）大数据产业发展指数（TOP 20）

数据来源：赛迪智库，《中国大数据区域发展水平评估报告（2022 年）》

融合应用：大数据融合应用均衡发展，应用需求持续增长。从图 8-6 中可以看出，北上广和江浙地区大数据融合应用水平位列全国前 5 位，指数得分均超过 50，各省市在政务、工业、民生和重点行业领域大数据技术应用水平均位于全国前列。山东、安徽、福建、四川、湖北、湖南、河南、河北 8个省份大数据融合应用指数得分达到或超过 40，均高于全国平均值。此外，天津、江西、贵州等 14 个省（自治区、直辖市），得分为 30～39。以上各省

（自治区、直辖市）积极推动大数据技术在各领域的融合应用，应用水平不断深化。例如，山东在民生应用和工业应用方面共同发力，应用水平位列前茅；福建、河南在重点行业应用方面成效显著；湖南、湖北、四川、河北 4个省份在民生应用方面进展明显；天津着力开展大数据工业应用；贵州、广西、江西注重大数据政务应用建设。

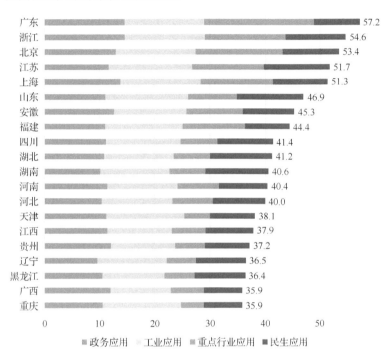

图 8-6　2022 年全国各省（自治区、直辖市）大数据融合应用指数（TOP 20）

数据来源：赛迪智库，《中国大数据区域发展水平评估报告（2022 年）》

第九章

人工智能

人工智能（Artificial Intelligence，AI）也被称为机器智能，是指利用机器去实现必须借助人类智慧才能实现的任务或行为，其本质是对人类智能的模拟、延伸甚至超越的一门新技术学科。从产业的视角来看，狭义的人工智能是指基于人工智能算法和技术进行研发和拓展应用，主要提供人工智能核心产品、服务及行业解决方案；广义的人工智能则包括计算、数据资源、人工智能算法和计算研究、应用服务等。本章重点聚焦于狭义人工智能产业的发展。

一、发展概况

2022 年，随着 OpenAI 发布的 ChatGPT 以极高的热度席卷全球，全球人工智能发展进入以通用人工智能（Artificial General Intelligence，AGI）为代表的新里程碑阶段。基于大模型的各类应用的爆发，尤其是生成式 AI 为用户提供了突破性的创新机会，促使大模型升级成为人类生产力工具的颠覆式革新。数据规模和参数规模的有机提升，让大模型具备了不断学习和成长的基因。大模型开始具备涌现能力，逐渐拉开了通用人工智能的发展序幕。以算力、算法、数据为代表的一批企业频繁地站在潮头浪尖，推动着技术的持续发展进步，不断催生着新产品、新模式、新业态的出现。

（一）产业规模

人工智能作为重要的新一代信息技术，其发展具有其他技术协同演进的特征，全球人工智能及其相关产业规模持续提升。在产业规模方面，IDC 预测，2023 年包括软件、硬件和服务在内的全球人工智能市场的支出将达到

1540 亿美元，同比增长 26.9%，2026 年 AI 相关产业规模支出将超过 3000 亿美元，2022—2026 年的复合年增长率将达到 27.0%。在企业数量方面，天眼查数据显示，我国 2022 年新增超过 73.4 万家人工智能相关企业，同比增长 41.6%。在企业投融资方面，根据 CB Insights 报告，2022 年全球人工智能投资总额较上年下降 34%至 458 亿美元，但仍远高于 2021 年前的水平。在创新专利方面，公开数据显示，过去 5 年（2018 年 1 月至 2022 年 10 月），全球超过 50 个国家和地区共申请了 115 万件人工智能领域相关专利。分国家来看，专利申请数量最多的 3 个国家分别是中国、美国和韩国，专利申请数量分别是 64.8 万件、19.1 万件和 5.28 万件。分领域来看，深度学习相关专利呈现爆发式增长，智能语音、自然语言处理、大数据、知识图谱和智能推荐等领域也成为人工智能专利增长的重要驱动。

（二）技术创新

2022 年，AI 大模型技术更迭提速，以多模态技术推动的数字人成为生成式 AI 的重要应用方向。1 月，360 人工智能研究院凭借国产自研知识表达模型登顶知识图谱领域的高难度任务榜单 OGB-wikikg2，这是我国数字安全企业首次登顶该榜。2 月，DeepMind 推出了一款用 12 种编程语言对 8600 万个程序进行预训练的 AI 编程引擎 AlphaCode，该引擎达到竞赛级编程水平。5 月，阿里巴巴达摩院发布并开源了新型联邦学习框架 FederatedScope，支持在丰富应用场景中进行大规模、高效率的联邦学习异步训练，促进隐私保护计算在研究和生产中的广泛应用；腾讯"混元"AI 大模型在多模态理解领域国际权威榜单 VCR（Visual Commonsense Reasoning，视觉常识推理）中登顶，两个单项成绩和总成绩均位列第一。6 月，基于清华大学、阿里巴巴达摩院等的研究成果及超算基础实现的脑级人工智能模型"八卦炉"（BAGUALU）完成建立，其模型参数规模突破了 174 万亿个，可与人脑中的突触数量相媲美。8 月，清华大学联合智谱 AI 发布了一个开源开放的中英文双语双向稠密模型 GLM-130B，该模型拥有 1300 亿个参数，是亚洲唯一入选斯坦福大学测评的大模型。9 月，由武汉人工智能研究院、中国科学院自动化研究所和华为技术有限公司联合研发的"紫东太初"多模态大模型项目获得了 2022 世界人工智能大会最高奖项。12 月，西湖大学李子青团队联合厦门大学、杭州德睿智药科技有限公司发布了其首创研发的能够刻画蛋白质构象变化与亲和力预测的 AI 模型——ProtMD；腾讯 AI Lab 发布其决策智能

AI 的最新成果"绝悟 RLogist",将 AI 深度强化学习技术迁移到病理全片扫描图像诊断领域,使传统病理阅片效率提升 400%。。

(三)区域分布

在区域层面,《中国新一代人工智能科技产业区域竞争力评价指数(2022)》显示,2021 年长三角地区人工智能科技产业区域竞争力排名第一,连续两年超过京津冀地区,珠三角地区和川渝地区仍然位列第三和第四,区域竞争力格局趋于稳定。其中,长三角地区众多经济发达的地级市为了通过数字化和智能化推动经济转型和发展,纷纷出台人工智能相关的政策规划并建设人工智能产业园区,在政府政策响应能力方面位列四大经济圈的首位。此外,长三角地区更加重视国际开放度和链接能力,会议数量和产业联盟数量保持领先。在省市层面,在中国新一代人工智能科技产业区域竞争力评价指数综合排名中,北京、广东、上海、浙江、江苏在人工智能科技产业的发展上仍排在第一梯队,其次是第二梯队的山东、四川、安徽、辽宁和湖南。

(四)产业结构

当前,智能化基础设施体系高速发展,人工智能全产业链基本形成。从人工智能产业链来看,我国人工智能领域包括基础层、技术层和应用层三类企业。

第一类企业致力于人工智能基础层。产品以 AI 芯片、传感器、服务器等硬件为主,为人工智能应用提供数据和算力,代表企业有海思半导体、寒武纪、地平线、平头哥等。目前,寒武纪是国际上少数几家全面系统掌握了通用型智能芯片及其基础系统软件研发和产品化核心技术的企业之一。浪潮、戴尔、HPE 分列全球人工智能基础设施市场份额前三。

第二类企业致力于人工智能技术层。产品以软件为主,为人工智能应用提供高效灵活的算法、框架和平台,在计算机视觉、智能语音、机器学习、自然语言处理等细分领域诞生了科大讯飞、云从科技、商汤科技、旷视科技等代表企业。在 IDC 发布的《2022 年亚太地区(不含日本)AI 生命周期软件工具和平台供应商评估》报告中,百度凭借领先的 AI 中台和 AI 开发"双平台",成为报告中唯一入局的中国科技企业。

第三类企业致力于人工智能应用层。企业面向各类应用场景开发相应的智能服务产品和解决方案。应用层的产品涉及最广、商机最多,不论是消费终端还是行业应用均成长出一大批本土企业，代表企业有京东、地平线、旗瀚科技、智位科技、科沃斯、大疆等，驱动着人们生产生活的数字化转型。

二、发展特点

（一）政策特点

2022 年，国家政策依然重点鼓励人工智能技术突破和应用拓展，同时更加重视通用人工智能发展和人工智能治理体系的构建。在算力层面，基于对支撑 AI 应用及研发的智能算力需求扩大，以及全国算力枢纽一体化和"东数西算"工程的建设方向，近两年来各地对人工智能计算/超算中心（简称智算中心）的关注度和投资增多。我国目前有超过 30 个城市建设或提出建设智算中心，其中已有近 10 个城市的智算中心投入运营，为当地各行业领域提供算力支撑。在应用层面，7 月，科技部等六部门联合印发了《关于加快场景创新以人工智能高水平应用促进经济高质量发展的指导意见》，提出围绕高端高效智能经济培育、安全便捷智能社会建设、高水平科研活动、国家重大活动和重大工程等打造重大场景。12 月，最高人民法院发布的《最高人民法院关于规范和加强人工智能司法应用的意见》提出，到 2030 年，建成具有规则引领和应用示范效应的司法人工智能技术应用和理论体系，为司法为民、公正司法提供全流程高水平智能辅助支持，应用效能充分彰显。在伦理治理层面，3 月发布的《关于加强科技伦理治理的意见》提出，要从体制、制度、审查监督和教育宣传 4 个层面全面开展科技伦理治理工作；11 月发布的《中国关于加强人工智能伦理治理的立场文件》向联合国提出 AI 治理应坚持伦理先行、加强自我约束、提倡负责任使用人工智能等重要意见。

除国家层面出台政策外，各省市也相继出台了相关政策促进人工智能产业的发展。从各省市发布的规划政策来看，强调人工智能产业与传统行业的融合是政策扶持的重点。2022 年部分省市发布的人工智能相关政策如表 9-1 所示。

表 9-1　2022 年部分省市发布的人工智能相关政策

序　　号	省　市	政 策 文 件	相 关 表 述
1	北京	《北京市"十四五"时期高精尖产业发展规划》	发展人工智能与实体经济深度融合新业态，培育 3 家左右人工智能+芯片、人工智能+信息消费、人工智能+城市运行的千亿级领军企业，推动产业生态链基本完善

续表

序　号	省　市	政　策　文　件	相　关　表　述
2	上海	《上海市促进人工智能产业发展条例》	聚焦算力、算法、数据三大基本要素。加强算力基础设施规划，推进公共算力资源平台建设，保障中小企业获得普惠的公共算力；推动算法模型交易流通，加强对算法模型的保护；突出人工智能领域高质量数据集建设，扩大面向人工智能产业的公共数据供给范围
3	南京	《南京国家人工智能创新应用先导区建设实施方案》	探索形成国家人工智能创新应用先导区"南京模式"，打造 100 个可复制、可推广的标杆型示范应用场景，形成一批优秀产品和解决方案，力争 2023 年南京全市人工智能核心产业收入超过 500 亿元
4	深圳	《深圳市培育发展智能机器人产业集群行动计划（2022—2025 年）》	到 2025 年，我市智能机器人关键技术取得重大突破，核心零部件自主可控水平大幅提升，产品精度、可靠性、平均寿命等关键指标达到国际先进水平，新增 1 个省级或以上制造业创新中心，10 家制造业"单项冠军"、专精特新"小巨人"、"独角兽"企业，20 家企业技术中心
5	青岛	《青岛市人工智能产业高质量发展三年行动方案（2022—2024 年）》	力争到 2024 年，建设 1 个国内领先的算法商城和人工智能公共服务平台，布局 5 个左右人工智能算力中心和融合赋能中心，形成具有示范推广效应的 100 个算法产品和应用典型案例，打造全国人工智能算力算法开发应用高地
6	杭州	《建设杭州国家人工智能创新应用先导区行动计划（2022—2024 年）》	到 2024 年，形成 10 项以上人工智能重大科技成果，获得 1000 项以上核心发明专利，拥有 1 或 2 个具有国际竞争力的工业互联网平台，培育 10 家具有行业影响力的智能制造系统解决方案供应商，打造 3 或 4 个千亿级人工智能产业集群，产业营业收入年均增长 15% 以上，产业综合竞争力位居全国前列
7	广东	《广东省新一代人工智能创新发展行动计划（2022—2025 年）》	到 2025 年，建成 30 个以上人工智能重点实验室、新型研发机构、工程（技术）研究开发中心、企业技术中心和应用中心（其中国家级研发机构 10 个以上），打造 10 个以上人工智能相关产业技术创新联盟，建设 5 个以上人工智能智库

数据来源：赛迪智库整理（2022.4）

（二）投融资特点

2022 年，据火石创造数据，全国人工智能板块共发生 971 起融资事件，累计披露的融资金额为 1096.35 亿元，呈现投资标的更加丰富、区域融资密度集中、单笔融资金额高等特点。从投资标的类型看，智能机器人、自动驾驶仍是投资热门赛道，同时资本市场孵化出人工智能生成内容（AIGC）、元宇宙、虚拟数字人等新兴投资赛道，认知与决策智能类企业也吸引了资本的更多关注。从区域分布看，北上广与江浙地区融资密度最高。其中，北京的融资事件数量占全国的 21.6%，上海、广东融资金额分别占总金额的 20.76%和 20.03%。从单笔交易看，单笔融资金额超过亿元的事件有 326 起，合计融资金额高达 1023.57 亿元，占 2022 年融资规模总额的 93.36%。2022 年国内典型融资事件如表 9-2 所示。

表 9-2　2022 年国内典型融资事件

序　号	企业名称	融资轮次	融资金额	业务领域
1	厦门联芯	股权转让	48.58 亿元	集成电路
2	粤芯半导体	B	45 亿元	半导体
3	万国数据	债权融资	6.2 亿美元	数据中心
4	摩尔线程	B	15 亿元	GPU 计算平台
5	新施诺	战略融资	10.73 亿元	半导体
6	爱芯元智	A++	8 亿元	AI 芯片
7	鸿钧微电子	Pre-A	近 8 亿元	CPU
8	达观数据	C	5.8 亿元	文本处理
9	启灵芯	A	6 亿元	CPU 芯片
10	酷芯微电子	B+	5 亿元	AI 芯片

数据来源：赛迪顾问（2022.5）。

（三）应用特点

2022 年，我国人工智能产业链的数据、算力、算法、工具、应用层各环节已逐步进入良性循环带动期，智能化转型全面推进，行业 AI 渗透度明显提升。IDC 发布的《2022—2023 中国人工智能计算力发展评估报告》显示，从行业维度看，2022 年人工智能应用渗透度排名前五的行业仍然为互联网、金融、政府、电信和制造。从场景应用维度看，智能化场景在行业的落地随着时间的推移，正呈现出更加深入、更加广泛的趋势。值得注意的是，2022

年可被称为生成式人工智能 AIGC 的元年，多个 AI 领域得以迅速发展，绘画、音乐、新闻创作、主播等诸多行业正被重新定义，元宇宙也日益深入人心。AIGC 入选 *Science* 杂志的 2022 年度科学十大突破。Gartner 预计，2025年 AIGC 将占所有生成数据的 10%。红杉资本分析，AIGC 有潜力产生数万亿美元的经济价值。

第十章

开源软件

2022 年，随着国内各方主体对开源认识的不断加深，我国开源软件发展正式步入"加速期"。政府、企业及个人拥抱开源、融入开源的积极性进一步提升，有效带动了我国主导的开源项目的持续发展，也显著提升了我国在国际开源舞台上的影响力。国内开源基金会建设持续加快，国产开源项目社区不断壮大，面向开源的高等教育方兴未艾，各类开源活动精彩纷呈，地方性开源服务体系逐渐建立，我国开源软件整体呈现出稳中向好的发展态势。

一、发展概况

（一）我国开源重视度不断提高

以软件名城为代表的部分地区已率先谋划开源发展。2022 年 7 月，广州发布了《广州市推进软件园高质量发展五年行动计划（2022—2026 年）》，提出"引导园区内链主企业建设开源社区、开源代码托管平台等基础设施，加强开源技术、产品创新，支持园区企业、科研院所等积极参与国内开源基金会等开源组织，提升对开源资源的整合利用能力"。2022 年 10 月，杭州发布了《杭州市推进软件和信息技术服务业高质量发展若干政策》，提出"支持链主企业、院校、研究机构联合建设涉及开源平台、开源社区、代码托管及开发测试、软件测试验证等领域的新型公共服务平台""鼓励骨干软件企业面向操作系统、数据库、云计算、大数据、人工智能、区块链等领域发布基础性、前瞻性的自主技术开源项目"。

拥抱开源、强化治理已成为头部企业的共同选择。2022 年 5 月，字节跳动在内部公开信中官宣，要组建开源委员会，主要职责为做好内部的开源支持。而在此之前，阿里巴巴、华为、中兴通讯、腾讯、蚂蚁集团、滴滴、微众银行、小米、百度等一众公司也已设立了专职的开源委员会或开源管理办公室，用于指导、规划全公司的开源事业发展。

（二）我国开源影响力加速扩大

我国对国际主流开源社区的项目贡献度不断增大。2022 年，共有 6 个源自中国的新项目进入 Apache 基金会进行项目孵化，分别是百度捐赠的 HugeGraph、美图捐赠的 Kvrocks、思码逸捐赠的 DevLake、腾讯捐赠的 Uniffle、个人组织 StreamxHub 捐赠的 StreamPark 及阿里巴巴捐赠的 Celeborn；有 6 个由我国主导的开源项目从孵化器成功毕业，成为 Apache 基金会的顶级项目，分别是由我国 Dromara 开源社区捐赠的 Apache ShenYu 项目、百度捐赠的 Apache Doris 分析型数据库项目与 Apache bRPC 项目、腾讯捐赠的 Apache InLong 项目、网易数帆捐赠的 Apache Kyuubi 项目及微众银行捐赠的 Apache Linkis 计算中间件项目。

我国对主流开源基金会运营发展的影响力正持续扩大。截至 2023 年 3 月，Apache 基金会共计拥有 9 家白金会员、14 家黄金会员、9 家白银会员，其中我国有 1 家白金会员（华为）、1 家黄金会员（百度）、2 家白银会员（阿里云、滴滴）。Linux 基金会共计拥有 14 家白金会员、16 家黄金会员，其中我国有 2 家白金会员（华为、腾讯）、3 家黄金会员（阿里云、百度、微众银行）。此外，九州云、京东云、OPPO、蚂蚁集团、安超云、联通、字节跳动等多家企业已成为 Linux 基金会的白银会员。特别值得一提的是，继 2021 年吴晟（顶级项目 Apache Skywalking 的作者）成为首位入选 Apache 基金会董事的华人后，2022 年姜宁成为第二位入选 Apache 基金会董事的华人，并成功于 2023 年获得连任。堵俊平也于 2022 年 3 月再次当选 Linux 基金会 AI&DATA Board 主席。

（三）我国开源生态加速完善

开源基金会建设持续完善。作为国内首家开源基金会，开放原子开源基金会自 2020 年 6 月在北京成立以来，在共建成员数、孵化项目数、代码量等多个方面都取得了快速发展。截至 2023 年 1 月，基金会共计孵化开源项目（通过基金会下设的技术监督委员会立项）26 个，其中包括 Pika、

TKEStack、XuperCore、OpenHarmony、openEuler 等明星项目，代码量共计已达到两亿行以上；拥有 17 家白金捐赠人、13 家黄金捐赠人及 22 家白银捐赠人（部分会员未予以公开），年募资金额达到近 1 亿元。

开源教育与开源人才培养愈发受到高校重视。2022 年，部分高校开始重视引导在校学生将开源理论与产业实践相结合，开源氛围在校园内逐渐浓郁。在课程设置方面，北京大学发布了面向工业物联网场景的泛在操作系统 XiUOS 开源项目，软微学院还与阿里云合作开设了《开源软件开发基础及实践》研究生课程；北京航空航天大学与 CSDN 联合开设了《开源软件开发导论》课程；华东师范大学联合开源社、X-lab 开放实验室、阿里巴巴、华为、腾讯等面向本科高年级学生及研究生开设了《开源软件设计与开发》课程。此外，浙江工业大学在教学中引入了自研的 DGIoT-Edu 开源平台和 Kellect 开源系统，清华大学推出了 Apache IoTDB，厦门大学、天津大学、南方科技大学等多所高校均在开源教育实践方面做出了探索。在活动设置方面，哈尔滨工业大学举办以"开源软件吞噬世界，国产数据库异军突起"为主题的创新创业讲坛，对开源生态现状进行了详细的解读，并指导同学们建立开源时序数据库。中国计算机学会（CCF）开源发展委员会、开放原子开源基金会组织发起了"开源高校行""开放原子校源行"等活动，在北京大学、复旦大学、南方科技大学、北京航空航天大学、西安电子科技大学等高校反响热烈。

各类特色开源会议与赛事活动精彩纷呈。在会议方面，2022 年 7 月，开放原子开源基金会以"软件定义世界，开源共筑未来"为主题举办了 2022 开放原子全球开源峰会。2022 年 11 月，中国计算机学会与开放原子开源基金会在西安以"开源创新，引领未来"为主题，联合举办了第一届中国开源大会，并组织了特邀报告、社区论坛、技术论坛、教育论坛等 20 余个不同类型的活动。清华大学、Intel、华为、阿里云、富士通南大、迪捷软件、腾讯云、OPPO、字节跳动等多家单位共同发起了"第 17 届中国 Linux 内核开发者大会"。第二十届中日韩三国 IT 局长 OSS 会议暨东北亚开源软件推进论坛继续通过在线方式举办，在本次论坛上我国的 OpenHarmony 开源项目、jianmu 开源项目荣膺"2022 东北亚优秀开源项目"。在赛事方面，中国计算机学会主办的中国软件开源创新大赛专门设置了"开源项目贡献赛""开源任务挑战赛""开源案例教学赛""开源代码评注赛"4 个赛道，让参赛选手充分体验开源氛围，参与开源实践。第十一届"麒麟杯"全国开源应用软件开发大赛成功吸引了数万高校人才参加，促进了多个优秀开源项目的诞生与发展，并进一步加强了高校人才和产业的衔接。

二、发展特点

（一）围绕开源领域的商业投资出现"降温潮"

受全球整体金融环境的波及及新冠疫情带来的不确定性因素影响，相较2020—2021 年出现的开源商业化投融资热潮，2022 年投资者对开源领域的投资热情明显开始走低。以国内商业化开源企业的融资情况为例，据不完全统计，2022 年我国仅有 10 余家开源商业公司获得融资，同比减少近 50%，开源融资总额与 2021 年相比也有大幅减少。从融资轮次看，除 Zilliz 获得了 6000 万美元 的 B+ 轮融资外，其他皆为 A 轮或 Pre-A 轮的早期投资。从所属技术领域看，2022 年最受投资人青睐的项目仍集中在数据库、云原生和人工智能等领域。从地域分布看，融资行为多来自北京的开源商业公司，其数量占比超过一半。值得一提的是，即使是在开源投资热情整体下滑的2022 年，极狐 GitLab 开源平台依然获得了 3 轮融资，其融资金额目前已累计达到数亿元人民币。另外，专注开源安全的安势信息也获得两笔共计数千万元的融资。这也充分反映了企业开源代码扫描与合规治理越来越受到重视。

（二）政治因素对开源发展带来的不确定性增加

由于 GitHub 等托管平台、Linux 基金会等基金会运营主体直接受到所在国家和地区的法律约束，主权国家可通过对企业的管辖权间接管制开源软件和代码。同时，部分开源项目容易受到个人贡献者与项目维护者的意识形态的注入，导致近年来开源运动的"立场化、政治化"色彩愈发浓厚。2020 年，知名开源容器引擎 Docker 的企业版停止向被列入美国"实体清单"的企业提供，我国部分企业、科研院所就因此受到影响。2022 年，俄乌冲突发生后，GitHub 官方发文称将限制俄罗斯通过 GitHub 平台获得军事技术能力。来自俄罗斯的开发者也被部分开源社区或项目的管理运营方禁止参与开源代码贡献，如全球第二大开源代码托管平台 GitLab 在俄乌冲突爆发后，就宣布暂停在俄罗斯和白俄罗斯的新业务，并停止了在俄罗斯对 NGINX（世界上使用最广泛的 Web 服务器）开源项目的贡献。

（三）开源软件供应链安全被越来越多国家所重视

2021 年底爆发的开源日志库 Apache Log4j 的漏洞事件（又称 Log4Shell 漏洞）曾一度引发全球软件行业"海啸"，而围绕开源软件的安全攻击事件在 2022 年仍在持续上演。2022 年 4 月 12 日，GitHub 发现有攻击者利用被盗的 OAuth 用户令牌，从包括 npm 在内的数十个组织中非法下载数据，造成 10 万个账号信息被窃。Spring4Shell 漏洞攻击进入爆发期，根据 CheckPoint 的遥测数据，在全球受到 Spring4Shell 零日漏洞影响的组织中，大约有六分之一已经成为攻击者的目标。在所有主流 Linux 发行版中的默认配置 Polkit 组件，也被报告存在严重的 CVE 漏洞。随着开源软件已经成为全球软件供应链中的重要环节，开源安全问题也日益受到关注，主要国家和地区也纷纷开始注重开源软件供应链安全治理能力建设。美国于 2022 年 1 月和 5 月两次召集 Linux 基金会、开源安全基金会及一众 IT 巨头商讨开源软件安全问题，提出了一项为期两年的、近 1.5 亿美元的针对开源安全的投资计划，开源安全基金会也连续发布了 4 项有关开源软件安全的指南。欧盟为 LibreOffice 等 5 项开源项目提供了漏洞悬赏计划，以最大程度发现开源软件漏洞并减少其带来的影响。

区　域　篇

环渤海地区软件产业发展状况

　　当前，软件和信息技术服务业成为各地谋划高质量发展的重心，产业集群化发展效应进一步显著。环渤海地区是我国软件和信息技术服务业发展重要集聚区之一，包括北京、天津、河北、山东，汇聚了数量众多的软件百强企业、国家鼓励的重点软件企业和互联网百强企业。区域内拥有北京、济南、青岛 3 个中国软件名城，主要囊括中关村软件园、齐鲁软件园、青岛软件园等重要软件产业集聚区，科创基础好、产业资源丰富、综合配套能力强，软件和信息技术服务业发展状况良好。

一、整体发展情况

（一）产业收入

　　整体来看，2022 年 1—11 月，环渤海地区软件业务收入 32392 亿元，相比上年同期的 26459 亿元，同比增长 22.4%，增长态势平稳，高于全国总体增速 12 个百分点，占全国软件业务收入的比重为 34.0%，较 2021 年高出 3 个百分点。

　　分省市地区情况看，2022 年 1—11 月，北京、山东和天津分别实现软件业务收入 19599 亿元、10115 亿元和 2329 亿元，较上年同期分别增长 9.3%、18.9% 和 8.0%，软件业务合计收入占本地区比重高达 98.9%，产业集聚态势明显。相较来看，河北的软件业务总体规模较小，2022 年 1—11 月实现软件业务收入 349 亿元，同比增长 10.0%。2022 年 1—11 月，在全国软件业务收入排名前 10 位的省市中，环渤海地区的北京、山东和天津分别位列第 1 位、第 4 位和第 9 位，北京位次不变，山东位次上升两位，天津位次不变。

（二）产业结构

2022 年 1—11 月，环渤海地区软件产品收入和信息技术服务收入分别为 7561 亿元和 16616 亿元，较上年同比增长 14.2% 和 18.2%，占全国比重分别为 33.0% 和 27.0%；信息安全收入 1029 亿元，占全国比重为 59.0%；嵌入式系统软件收入 3100 亿元，占全国比重为 36.6%。从区域内软件和信息技术服务业整体发展情况来看，信息技术服务收入所占比重为 51.3%，软件服务化特征持续凸显，软件产品收入、信息安全收入和嵌入式系统软件收入占比分别为 23.3%、3.2% 和 9.6%。

二、产业发展特点

（一）中心城市集聚发展，引领作用显著增强

环渤海地区以北京、天津、济南、青岛为代表的中心城市各项政策及机制进一步完善，资源高度集聚化、产业全链条集群化发展推动全要素生产率不断提高，成为高质量发展的动力源泉。2022 年 1—11 月，在环渤海地区的软件业务收入中，北京软件业务收入占比为 60.5%，天津软件业务收入占比为 7.2%，济南软件业务收入占比为 12.2%，青岛软件业务收入占比为 10.3%，四地合计占比为 90.2%。集聚发展带来的成本集约、技术创新、合作互补等效应，能够形成政策举措的"加速器"和优质资源的"引力场"，加快实现软件和信息技术服务业高质量发展。环渤海地区的中心城市形成了整体协同效应，软件龙头企业对产业的带动引领作用持续显现。以北京为例，百亿元以上企业 19 家，十亿元以上企业 179 家，亿元以上企业 1643 家。在中国互联网综合实力百强榜、软件和信息技术服务竞争力百强企业榜单中，北京入选企业数量超过三成。在胡润榜、德勤榜、独角兽榜、中国大数据企业 50 强等榜单中，北京企业数量均居前列。

（二）名城建设持续发力，错位协同效应凸显

依托探索积累推动软件和信息技术服务业发展的路径经验，环渤海地区加速凝聚市场与政府的发展合力，充分结合自身功能定位及产业布局规划，凝聚区域核心竞争力，形成了各具特色、错位协同的产业发展格局，软件名城成为区域的软件和信息技术服务业发展重点城市。截至 2022 年底，环渤

海地区已拥有北京、济南、青岛 3 个中国软件名城，3 个城市在产业引导、环境营造等环节开展政策创新与"先行先试"，不断积累形成有效方法路径和可推广模式，提高建设水平和建设质量。

北京是全国软件产业发展的核心城市，具有坚实的产业发展基础和雄厚的产业发展实力，产业规模和质量全国领先。北京充分发挥海淀区、朝阳区核心地位，立足各区功能定位，不断完善上下游产业链。海淀区集聚了大部分软件和信息技术服务企业，是软件创新创业孵化最为活跃的地区；朝阳区强化科技服务能力，特色产业集群化发展态势明显。此外，2022 年发布的《北京市推动软件和信息服务业高质量发展的若干政策措施》，推动北京软件产业进一步做优做强，提升发展能级。济南大力实施数字经济引领战略，推动中国软件名城提档升级，加快实现软件和信息技术服务业增长。2022 年 1—11 月，济南实现软件业务收入 3966 亿元，增速达到 13.2%；占全省比重为 39.2%。此外，济南大力支持齐鲁软件园争创"中国软件名园"，全力打造数字先锋城市。同时，济南重点建设齐鲁软件园、数字经济产业园、明湖国际信息技术产业园等特色园区，打造大数据、区块链、信息安全等特色产业集群。青岛的软件和信息技术服务业布局不断优化，逐步形成以西海岸新区、崂山区作为两个增长极，以市北、市南、李沧、城阳为 4 个重点区的"一体两极四柱多园"新发展格局。2022 年 1—11 月，青岛实现软件业务收入 3337 亿元，增速达 15.3%，占全省比重为 33.0%。2022 年，青岛软件和信息服务产业链工作专班印发《2023 年青岛市软件和信息服务业"数智强链"专项行动计划》，加快推动产业链全面升级，推动人才、科技、资本等各类要素向青岛集聚，持续加强中国软件名城建设。

（三）京津冀一体化发展，产业竞争优势明显

环渤海地区在区位、人才、产业基础等方面具有天然优势，云计算、大数据、人工智能、区块链、元宇宙等新兴产业获得了长足发展。京津冀地区不仅是"首都经济圈"，更是环渤海地区的重要经济区。2022 年 1—11 月，京津冀实现软件业务收入 22277 亿元，占环渤海地区软件业务总收入的 68.8%。其中，北京已经成为京津冀软件和信息技术服务业的产业辐射中心，其软件业务收入为 19599 亿元，在京津冀软件业务收入中占比 88.0%。随着京津冀软件和信息技术服务业的协同发展，三地联合技术创新步伐明显加快，构成了"1+2+4"的产业格局，包括"1"个核心区域（北京的中关村区

域）、"2"个重要拓展区（天津的滨海新区和武清区）、"4"个重点功能区（河北的张家口、廊坊、承德和秦皇岛）。其中的代表性软件企业包括位于北京的北大方正、位于廊坊的中科廊坊科技谷等，在促进京津冀三地软件和信息技术服务业发展方面发挥了重要作用。近年来，北京印发《北京市促进数字经济创新发展行动纲要（2020—2022 年）》《北京工业互联网发展行动计划（2021—2023 年）》《北京市"十四五"时期高精尖产业发展规划》《北京市推动软件和信息服务业高质量发展的若干政策措施》等，推动北京软件和信息技术服务业进一步做优做强，提升发展能级。天津在大数据产业发展试点示范项目、车联网先导区等建设中不断发力，成果显著。卓朗科技、贝壳技术等 11 个项目入选 2022 年大数据产业发展试点示范项目，天津（西青）国家级车联网先导区获批。2022 年 8 月，工业和信息化部正式批复同意建设河北雄安新区国际互联网数据专用通道，进一步提升河北雄安新区国际通信网络性能和服务质量，推动河北数字经济发展、京津冀大数据协同发展。

第十二章

长江三角洲地区软件产业发展状况

　　长江三角洲地区（可简称长三角地区）包括上海、江苏、浙江和安徽。长三角地区是我国经济发展最活跃、开放程度最高、创新能力最强的区域之一，在国家现代化建设大局和全方位开放格局中具有举足轻重的战略地位。同时，长三角地区也是全国软件和信息技术服务业最活跃的区域之一，产业规模约占全国的三分之一，各类新兴软件产品和新型软件服务层出不穷，形成了一批享誉国际的产业集群、创新共同体与龙头企业，成为我国软件和信息技术服务业发展强劲增长极，引领全国软件和信息技术服务业高质量发展。

一、整体发展情况

　　整体来看，长三角地区软件和信息技术服务业发展态势良好，产业规模不断提升，产业结构持续优化。长三角地区充分发挥重点城市、龙头企业的牵引作用，加速汇集创新动能，持续完善产业格局，使得大量的中小型创新企业不断成长，为软件和信息技术服务业持续健康发展提供丰富活力。

（一）产业收入

　　2022 年，长三角地区软件和信息技术服务业整体保持高质量发展态势，业务收入稳步提升，发展水平位居全国前列。2022 年 1—11 月，长三角地区软件业务收入 28374 亿元，同比增长 8.8%，占全国软件业务收入的比重为 30.0%，基本与上年同期持平。其中，江苏、上海、浙江软件业保持稳中向好态势，软件业务收入分别位列全国第 3、5、6 位；安徽软件业务收入虽占全国比重不高，但同比实现了 19.2% 的增速。上海、南京、杭州、苏州、无锡 5 个中国软件名城，软件和信息技术服务业规模逐步扩大，以"名企、名品、名人、名园、名展"建设为主线，推动中国软件名城建设取得显著成效。此外，宁波正加快创建中国软件名城，软件产业持续发展；合肥积极打造智能语音和人工智能产业集聚区，助力软件产业在电子政务、交通、教育等行业领域的应用。综合来看，长三角地区软件产业保持向好发展态势，已经初步形成第二、三梯队城市与上海、南京、杭州等第一梯队城市错位互补的发展格局。

（二）产业结构

2022 年，长三角地区软件和信息技术服务业结构持续优化，但软件四大细分领域的发展态势则呈现一定差异。综合来看，信息技术服务收入增长较快，软件产品收入增长相对较慢，信息安全业务收入还有较大的增长空间，嵌入式系统软件收入下降明显。2022 年 1—11 月，长三角地区软件产品收入 6146 亿元，同比增长 1.0%，占全国软件产品总收入的 26.8%；信息技术服务收入 19776 亿元，占全国信息技术服务总收入的 32.1%；嵌入式系统软件收入 2251 亿元，占全国嵌入式系统软件总收入的 26.6%；信息安全收入 201 亿元，占全国信息安全总收入的 11.5%，与上年同期基本持平。

二、产业发展特点

（一）发展环境支撑有力，产业发展动能强劲

综合来看，长三角地区在政策、技术、人才、企业等多方面具有明显的优势。从政策方面来看，三省一市因地制宜，加快要素流动，相继出台软件和信息技术服务业相关政策措施，全力扶持软件和信息技术服务业发展，不断优化自身的产业发展动能。上海市人民政府印发《新时期促进上海市集成电路产业和软件产业高质量发展的若干政策》，浙江省政府办公厅印发《新时期促进浙江省集成电路产业和软件产业高质量发展的若干政策》等，进一步推动软件和信息技术服务业高质量发展。从技术方面来看，长三角地区拥有上海张江、安徽合肥等综合性国家科学中心，集中了全国四分之一的"双一流"高校，同时，拥有近 300 家国家级双创示范基地、国家工程研究中心和工程实验室，为长三角地区软件和信息技术服务业的研究创新工作奠定了坚实的基础。从人才方面来看，长三角地区不断整合社会、企业、高校多方资源，建立健全多层次、多类型的软件人才体系，为软件和信息技术服务业

提供了数量充足、质量良好的人才队伍。据统计，长三角地区拥有复旦大学、同济大学、上海交通大学、华东师范大学、南京大学、苏州大学、南京航空航天大学、中国科学技术大学、浙江大学9所大学的特色化示范性软件学院。从企业方面来看，长三角地区不仅形成了一批具有国际竞争力的大型软件企业，还培育了大批大数据、人工智能、工业互联网等新兴领域的中小型创新企业，如上海的中国银联、华讯网络、宝信软件，浙江的阿里巴巴、海康威视、大华技术，江苏的南瑞、熊猫电子，安徽的科大讯飞等。

（二）名城名园双轮驱动，集聚发展效应明显

长三角地区的软件和信息技术服务业集聚发展效应明显。截至2022年，长三角地区共有上海、南京、杭州、苏州、无锡5个中国软件名城，占据全国软件名城数量的35.7%。其中，南京是我国首个"中国软件名城"，上海是首个获得此称号的直辖市。此外，长三角地区拥有上海浦东软件园、中国（南京）软件谷、苏州软件园、杭州软件园、宁波软件园、常州软件园、合肥软件园等国家级软件园。长三角地区软件园借助产业基地的优势协同发展，不断完善创新管理机制，形成互相促进、错位互补、资源共享的良好局面。在中国软件名城和特色软件园区的引领与带动作用下，长三角地区的软件和信息技术服务业保持了高质量的发展态势，培育出了一批创新能力强、品牌形象佳、国际化水平高的各具特色的龙头企业与初创企业。

（三）区域发展紧密联动，协同格局逐步显现

长三角地区积极贯彻落实国家软件相关战略、规划，组织产业联盟与创新交流活动，逐渐形成以重点城市为中心、整个区域协同发展的体系。三省一市基于自身优势，打造培育了特点各异的新技术、新产品、新应用，形成了优势互补的良好发展态势。

上海软件和信息技术服务业整体创新能力强劲。上海聚焦提升软件产业核心竞争力，做优做强基础软件，加大了在操作系统等领域的研发力度，提升了通用算法簇等新兴基础软件的供给能力，对基础软件产业生态进一步完善；重点发展工业软件，面向工控领域、智能工厂等需求，着重实现电子设计自动化（EDA）、计算机辅助工程（CAE）等关键技术突破，增强工业软件与工业互联网、人工智能等融合带动效应；鼓励发展行业软件，强化银行、保险等关键核心系统的可靠性和安全性，推动智慧医疗等行业软件研发，强

化系统集成，完善行业软件供给体系；加快发展平台软件，推进云原生、云中台等前沿技术攻关，推动轻量化平台软件融合发展与规模化应用推广；同时推进信息服务模式创新，壮大网络安全产业。江苏紧抓制造强省、网络强省、智慧江苏建设机遇，工业软件、嵌入式软件，以及电力、通信、交通等行业应用软件竞争优势凸显。南京、无锡、苏州等地对全省软件和信息技术服务业发展的整体带动作用日益增强，常州、镇江、南通的嵌入式软件，宿迁、扬州的信息技术服务业保持较快增长。同时，全省不断强化科技创新赋能和企业创新联合，支持高校、科研院所、大中小企业等创新资源的整合与协同攻关，充分激发创新活力，增强产业链与创新链韧性。浙江软件和信息技术服务业向服务化、平台化、融合化发展。信息技术服务引领行业增长，尤其是以云计算、大数据、人工智能为代表的新一代信息技术，加速渗透包括物流行业在内的经济和社会生活各个领域。在数字安防、数字内容、智慧医疗、智慧交通等领域涌现出一批国内领先企业，对行业规模和效益贡献突出。安徽依托长江经济带、长三角一体化、G60 科创走廊等战略优势，形成了智能语音及人工智能产业引领其他领域（如智慧城市、集成电路设计、智能终端等）的良好态势。合肥已拥有上千家重点实验室、工程（技术）研究中心、企业技术中心等各类研发机构，在类脑智能、量子信息、人工智能、机器人、智能语音等领域具有重要的国际影响力。近年来，合肥积极创建"中国软件名城"，通过政策支持引导，软件产业规模不断壮大，产业集聚效应明显，创新能力显著提升。龙头企业科大讯飞在语音识别、语音合成等领域技术全球顶尖；基于中文语音技术的智慧办公、智慧教育、智慧医疗等系列产品在国内市场份额达到 70%。

第十三章

东南沿海地区软件产业发展状况

软件和信息技术服务业是支撑经济社会发展的基础性、战略性、先导性产业，是国际科技竞争和经济发展的重要战略制高点。东南沿海地区包括广东、福建、海南，是我国软件产业发展的重点集聚区。

一、整体发展情况

（一）产业收入

2022 年，东南沿海地区软件产业规模整体保持较高增速。2022 年 1—11月，东南沿海地区软件业务收入 17918 亿元，同比增长 6.6%，占全国软件业务收入的比重为 18.8%，与上年同期相比略有下降。其中，2022 年 1—11 月，广东实现软件业务收入 15760 亿元，同比增长 10.5%，位列全国第 2 位；福建实现软件业务收入 2073 亿元，同比增长 11.8%；海南实现软件业务收入 84 亿元，同比下降 2.0%。

（二）产业结构

2022 年，东南沿海地区软件产业结构持续优化，但软件四大细分领域的发展态势则呈现一定差异。综合来看，软件产品与信息技术服务收入呈现增长势头，嵌入式系统软件收入下降明显。2022 年 1—11 月，东南沿海地区软件产品收入 3673 亿元，同比增长 16.3%，占全国软件产品总收入的 16.0%；信息技术服务收入 11783 亿元，同比增长 6.1%，占全国信息技术服务总收入的 19.1%；嵌入式系统软件收入 2269 亿元，同比下降 3.6%，占全国嵌入式系统软件总收入的 26.8%；信息安全收入 192 亿元，与上年同期持平，占全国信息安全总收入的 11.0%。

（三）企业情况

近年来，东南沿海地区持续优化产业发展环境，加速产业资源集聚，一批明星企业持续涌现。其中，华为拥有"CPU、NPU、存储控制、网络互连、智能管理"五大关键芯片，同时还推出了 HarmonyOS、openEuler、云数据库 GaussDB、MetaERP 系统等；中兴通讯是全球 5G 技术研究、标准制定的主要贡献者和参与者，在嵌入式软件领域拥有良好的技术积累；深信服专注于企业级网络安全、云计算、IT 基础设施与物联网，员工规模超过 9000 人，在全球设有 50 余个分支机构；金证科技深耕金融科技领域，拥有近 20 家分子公司，员工 10000 余人；金蝶连续 18 年稳居 IDC 中国成长型企业应用软件市场占有率第一，旗下金蝶云·苍穹（可组装企业级 PaaS 平台）、金蝶云·星瀚（大型企业 SaaS 管理云）等云服务产品在世界范围内拥有 740 万家政企用户。

二、产业发展特点

（一）集聚发展态势突出，软件企业快速成长

广东是信息产业发展的大省，其软件和信息技术服务业呈现与电子信息制造业相互渗透融合、相互促进的态势。其中，珠三角地区作为广东软件和信息技术服务业的主体，以"软件园区+软件名城"为载体，有效促进软件产业集聚发展。四大老牌软件园区的主打产品特色突出，包括广州软件园的应用型软件技术产品、珠海软件园的通用软件产品和行业软件产品、深圳软件园的面向港澳台和国际市场的软件产品、南海软件园的加工型软件产品。各地依托软件和信息技术服务业园区"筑巢引凤"，打造特色优势，进驻了大量软件厂商，形成了强大的产业凝聚力与辐射效应。在深圳、广州两个中国软件名城的带动下，珠三角乃至广东软件产业优势领域进一步发展。深圳在信息通信、金融科技、互联网等多个领域处于全国领先地位。深圳的 5G 产业链利用华为、中兴通讯的技术和产品，涵盖终端、基站系统、网络架构、应用场景等各个环节，已达到相对完善。此外，深圳是七大全球金融科技中心城市之一和亚太地区金融科技的领跑者，拥有平安科技、微众银行、腾讯金科等一批全球领先的巨型金融科技企业，金融壹账通等 23 家企业入选 2021

毕马威中国金融科技企业"双 50"榜单。2022 年，广东登记软件著作权约24 万件，占登记总量的 13.01%，位列全国第一。广州在巩固互联网产业发展优势的同时，着力突破"卡脖子"技术，在工业软件领域，培育了中望龙腾、新科佳都、极点三维等具备底层核心技术研发能力的骨干企业。与此同时，广州推动人工智能技术在传统领域中的应用，具体的应用场景包括智能医疗、智能政务、智能交通等，人工智能产业链已较为完善。

福建拥有福州和厦门两个中国软件名城。福州是我国首个"中国软件特色名城"，近年来，相继推出《关于促进软件和信息技术服务业发展五条措施》《关于培育软件业龙头企业工作方案及政策措施》《福州市关于促进软件产业高质量发展的若干措施》等一系列政策，推动"名园、名企、名品、名人、名展"协同发展。2022 年，福州共有 8 家企业分获"中国软件业务收入百强""中国软件和信息技术服务综合竞争力百强""中国互联网百强"荣誉，121 家企业入选福建省数字经济核心产业领域创新企业名单，22 家企业入选"福建省软件与信息技术服务业 50 强"。厦门在 2019 年被工业和信息化部授予"中国软件特色名城"称号，是全国第 12 个被授予此殊荣的城市。厦门在互联网、数字创意、行业应用等领域已形成较强的产业竞争力，同时打造重点软件园区，支持综合实力雄厚的软件园区积极申请创建国家级、省级知名产业园区，继续引导优势企业、重点项目向全市主要软件产业园区集聚，加快在优势领域高质量打造一系列特色"园中园"与"集聚区"。

海南生态软件园坚持自贸港优惠政策和制度集成创新的"两手抓"及龙头企业深耕和标杆企业培养的"两条腿走"，积极开展面向未来的高质量发展行动，努力打造具有竞争力的海南自贸港特色的数字经济产业集群。海南生态软件园以数字经济产业为重点方向，构建起以区块链国家级试验区及数字文体、数字健康、数字金融为核心的"一区三业"产业集群。2022 年，海南生态软件园完成固定资产社会投资 26.95 亿元，实现营业收入 2391.34 亿元，园区企业申请软件著作权超过 1.2 万件，高新技术企业达到 95 家，园区内超过 800 人通过高层次人才认定标准。园区创建国家级区块链试验区，主导成立的云海链公司拥有来自 6 个国家的 20 名科学家。

（二）软件产业深度赋能，智慧城市建设升级

近年来，广东软件产业蓬勃发展，对经济社会发展的引领支撑作用凸显。一方面，广东立足自身制造业优势，推动软件产业和制造业深度融合、共同

发展，加强大数据、人工智能、区块链、5G 等新一代信息技术在原有制造业领域的应用，制造业数字化转型取得初步成效，全力建设工业互联网示范区，加速珠三角地区工业互联网布局，力争打造工业互联网创新发展高地。另一方面，广东在建设智慧城市的过程中，推动软件产业融入民生领域，促进软件企业在交通、医疗等具体应用场景的快速成长。广东全省固定宽带接入端口超过 9450 万个，5G 基站超过 18 万座，处于全国领先水平，广州、深圳获评全国首批千兆城市。工业互联网标识解析国家顶级节点（广州）涵盖 25 个重点行业，接入企业超过 5400 家，为华南地区工业互联网提供关键支撑。

福建福州持续推进数字化发展。2022 年，福州在数字城市百强榜中位列第 19 位，位居全省第一。福州政务数字化水平持续提升，行政审批和公共服务事项超过 90%可实现线上办理，"24 小时不打烊"智慧政务大厅作为优秀案例面向全省推广应用。厦门不断推进"数字厦门"建设，从数字政府、数字经济、数字社会、数据强市、新型基础设施、网络安全等领域全方位着手，积极推动软件和信息技术服务业与各领域的深度融合发展，通过"软件定义"加快完善城市新型基础设施建设，全面推进数字化改革，已涌现出多家行业领先的解决方案提供商，如美亚柏科、亿联网络、易联众等。

海南的数字产业链依托海南生态软件园、海口复兴城互联网信息产业园、陵水清水湾信息产业园、三亚互联网信息产业园、海口未来产业园等园区，集中于物联网、人工智能、区块链、跨境数字贸易等领域。海南围绕产业数字化，促进软件产业与现代服务业、高新技术产业、热带高效农业的融合，加快"智慧海南"建设，从而为国际一流高端商务服务环境、智能化人居发展环境、高标准自由贸易试验区和中国特色自由贸易港的构建提供技术支撑。

第十四章

东北地区软件产业发展状况

东北地区包括黑龙江、吉林、辽宁，在 1949 年后的很长一段时间里都是我国经济最为发达的地区之一。作为曾经东北亚地区最先进的老工业基地之一，东北地区的重工业产值一度达到了全国的 95% 以上，为中国的发展壮大做出了巨大的贡献。东北地区的工业积淀为制造业企业数字化转型提供了宝贵的经验数据，为大数据技术、工业软件、嵌入式软件等领域的发展提供了有利条件。

一、整体发展情况

（一）产业收入

2022 年，东北地区软件和信息技术服务业发展稳中有进，但相较东、中、西部地区而言仍有较大差距。2022 年，东北地区软件业务收入 2499 亿元，同比增长 8.7%，低于全国软件业务收入同比增速 2.5 个百分点；东北地区软件业务收入占全国比重为 2.3%，较 2021 年下降 0.5 个百分点。东北地区虽然实现了一定水平的软件业务增长，但低于全国平均水平，东北地区的软件业务收入在全国的比重稍有下滑。

（二）产业结构

2022 年 1—11 月，东北地区软件业务收入 2145.4 亿元中，软件产品收入 921.7 亿元，同比增长 10.0%，占软件业务收入比重为 43.0%；信息技术服务收入 1021.2 亿元，同比增长 8.0%，占比为 47.6%；信息安全收入 84.2 亿元，同比增长 4.2%，占比为 3.9%；嵌入式系统软件收入 118.3 亿元，占比为 5.5%。

分省情况来看,辽宁依然是东北地区软件产业的龙头。2022 年 1—11 月,辽宁软件业务收入 1683.3 亿元,同比增长 10.9%,占东北地区软件业务收入的 78.5%。在全国软件业务收入排名中,辽宁位列第 13 位。从辽宁软件业务收入结构来看,软件产品收入与信息技术服务收入占比较高,分别为 821.3 亿元和 770.4 亿元,分别同比增长 11.3% 和 10.9%,占比分别为 48.8% 和 45.8%;信息安全收入 74.5 亿元,同比增长 6.6%;嵌入式系统软件收入 17.1 亿元,同比增长 9.9%。

吉林与黑龙江的软件和信息技术服务业发展水平较低。2022 年 1—11 月,吉林软件业务收入 431.2 亿元,同比增长 0.8%。其中,软件产品收入 93.0 亿元,同比下降 0.1%,占吉林软件业务总收入的 21.6%;信息技术服务收入 232.6 亿元,同比增长 0.9%,占吉林软件业务总收入的 53.9%;信息安全收入 8.0 亿元,同比增长 1.4%;嵌入式系统软件收入 97.6 亿元,同比增长 1.2%,占吉林软件业务总收入的 22.6%。2022 年 1—11 月,黑龙江软件业务收入 30.9 亿元,同比下降 9.2%。其中,软件产品收入与信息技术服务收入分别为 7.4 亿元和 18.2 亿元,分别占全省软件业务总收入的 23.9% 和 58.9%;信息安全收入与嵌入式系统软件收入合计 5.3 亿元,共占全省软件业务总收入的 17.2%。

二、产业发展特点

(一)重点城市引领发展,核心园区促进集聚

东北地区的软件和信息技术服务业主要集中在沈阳、大连等城市,大连软件园、沈阳软件园、哈尔滨软件园等优秀园区集聚发展。

辽宁的沈阳、大连两市软件产业集聚效应明显,已建成的软件创新中心和技术联盟达 10 余个,涵盖云计算、自动化控制、数字化制造、智能航海、智能交通等诸多特色领域。在全省战略性新兴产业中,软件服务业在研发投入量和知识产权拥有量上都处于领先地位。2022 年,沈阳软件业务收入 1087 万元,占东北地区软件业务收入的 43.5%;纳入统计范围的软件企业数量为 936 家,位居东北地区首位,占辽宁软件企业数量的 66.96%,拥有东软、奥维通信、新松机器人等软件领域上市企业 20 家。沈阳代表性软件产品在功能和技术方面持续突破,得到用户广泛认可。例如,中国科学院沈阳自动化

研究所的自适应模块化柔性制造解决方案可大幅缩短定制产品交付周期；美行科技的美行智能网联导航占国内主导地位，市场占有率高达 50%；派得林科工业通用智能评片软件填补了国际、国内在该领域的空白。沈阳国际软件园现有载体面积达 230 万平方米，入驻企业 1510 家，员工总数超过 4 万人，其中软件企业近 70%。大连高新区确立了"1+6"主导产业发展方向："1"是做大做强数字经济，将已有的软件和信息技术服务业集群转型升级；"6"是推动数字技术垂直应用，重点培育发展洁净能源、新材料、生命科学、智能制造、海洋科技、文化创意六大新兴产业集群。大连软件园建于 1998 年，目前已入驻的软件企业超过 700 家，IBM、惠普等世界 500 强企业，以及东软、联想、中软等国内头部软件企业均已入驻。大连软件园内有 8 家企业营业收入超过 10 亿元，130 余家企业通过 ISO9001 认证，整个园区吸纳高水平人才近 10 万人。近年来，大连软件园先后获评"国家火炬计划软件产业基地""国家软件产业基地""国家软件出口基地""中国服务外包基地城市示范区"，并且荣获联合国"国际花园社区金奖"。从赛道布局来看，大连软件园目前以新一代信息技术产业和新兴产业为主，软件研发、大数据处理、互联网+、云计算、智慧医疗已成为支柱模块。

黑龙江的产业园区主要分布在哈尔滨和大庆，拥有哈尔滨软件园、大庆软件园、黑龙江省地理信息产业园、黑龙江省动漫产业基地等多个软件产业园。这些产业园区横跨软件研发、软件人才培养、投融资、离岸外包、教育培训、科技产品交易等多个行业。

吉林软件产业集聚效应日益明显。吉林的软件园区主要集中于长春市、吉林市、延边市，软件企业数量和软件业务收入在全省占据相当大的比重。根据优势产业和地理位置的不同，长春软件园主要发展汽车软件、网络与信息安全软件等，吉林软件园主要发展嵌入式软件和行业应用软件，延边中韩软件园面向国际发展软件外包和信息服务。

（二）软件赋能工业发展，工业软件持续壮大

东北地区作为重工业基地，在工业软件上具有深厚的工业基础，同时工业软件为工业基地的振兴提供了强大的动力。东北地区提升工业软件研发能力，共建联合实验室和研发中心，构建自主可控的产业创新体系，助力工业技术、经验和方法的数字化和工具化，积极打造一批优质工业 App 与平台，推进创新成果规模化、产业化。东北地区工业软件产业的优势可分为四点。

第一是面向国内外两个市场，在积极开拓国内市场的同时抓住国际市场，培育了一批工业软件行业领先企业，包括东软、信华信、文思海辉等。第二是加强体制和技术创新，辽宁是最早制定软件产业发展政策的省份，注重产学研结合与创新，在重要领域保持行业领先地位。第三是注重人才培养与发展，全地区有近百所高校开设了计算机类、电子信息类专业。第四是创建园区与服务平台，如位于辽宁的大连软件园、沈阳国际软件园等在全国都具有一定的影响力。

近年来，东北地区涌现出一批具有代表性的工业软件产品。哈尔滨工程大学联合相关高校、科研院所打造船舶领域全球"首座数值水池"在线服务平台，可对船舶与海洋结构物在不同海洋环境中的流体动力响应进行软件模拟，为全球船舶行业用户提供高质量的"互联网+虚拟试验"服务。信华信在客户关系管理、客户服务系统、审计信息系统等领域持续深耕，形成了多样化的业务方案。东软推出 SCADA 系统，可为工业和公共事业领域用户提供数据采集和监控方案，具备远程控制、操作提示、实时报警、数据分析、模拟训练等多种功能。

第十五章

中西部地区软件产业发展状况

软件产业是信息社会的基础性、战略性产业，是国民经济和社会发展的"倍增器"。中西部地区是我国覆盖面积最大、包含省市最多的区域，对我国软件产业发展意义重大。

一、整体发展情况

（一）产业收入

从中部、西部分开来看，2022 年中部和西部地区实现软件业务收入分别为 5390 亿元和 11574 亿元，分别同比增长 16.9%和 14.3%，占全国软件业务收入的比重分别为 5.0%和 10.7%。四川、重庆、陕西等西部地区发展势头较强，依托地域、文化、人才等优势，经济发展带动性和辐射性强，对软件产业发展要素的吸引力不断增强，具有较强成本优势。其中，2022 年四川软件业务收入 4835 亿元，在全国软件业务收入排名前 10 位的省市中位列第 7 位。长沙、武汉等中部城市也加快崛起，形成了规模较大的软件产业发展集群。2022 年，成都软件业务收入 4732 亿元，同比增长 10.5%，在全国软件业务收入排名前 10 位的副省级中心城市中位列第 5 位。

（二）产业结构

2022 年 1—11 月，中部地区软件产业快速发展，软件业务收入 4603.1 亿元，同比增长 16.4%。其中，软件产品收入和信息技术服务收入占比较高。2022 年 1—11 月，中部地区软件产品收入 1342.8 亿元，同比增长 11.8%，占软件业务收入比重为 29.2%；信息技术服务收入 2905.4 亿元，同比增长

18.1%，占软件业务收入比重为 63.1%；信息安全收入 47.4 亿元，同比增长 14.9%，占软件业务收入比重为 1.0%；嵌入式系统软件收入 307.5 亿元，同比增长 20.7%，占软件业务收入比重为 6.7%。

2022 年 1—11 月，西部地区软件产业保持稳定增长，软件业务收入 9977.1 亿元，同比增长 13.7%，高于全国平均水平 3.3 个百分点。软件产品收入和信息技术服务收入占比达九成。2022 年 1—11 月，西部地区软件产品收入 2466.2 亿元，同比增长 9.9%，占软件业务收入比重为 24.7%；信息技术服务收入 6781.2 亿元，同比增长 16.1%，占软件业务收入比重为 68.0%；信息安全收入 193.5 亿元，同比增长 6.0%，占软件业务收入比重为 1.9%；嵌入式系统软件收入 536.2 亿元，同比增长 5.7%，占软件业务收入比重为 5.4%。

湖北、湖南为中部地区软件产业主要集聚区。2022 年 1—11 月，湖北软件业务收入 2263.8 亿元，同比增长 18.5%，在中部地区软件业务收入中占比 49.2%；湖南软件业务收入 1090.4 亿元，同比增长 16.4%，在中部地区软件业务收入中占比 23.7%；两省合计占中部地区软件业务收入比重为 72.9%。

四川、重庆、陕西为西部地区软件产业主要集聚区。2022 年 1—11 月，四川软件业务收入 3916.6 亿元，同比增长 8.0%，低于全国平均水平 2.4 个百分点，在西部地区软件业务收入中占比 39.3%；重庆软件业务收入 2436.7 亿元，同比增长 10.5%，在西部地区软件业务收入中占比 24.4%；陕西软件业务收入 2006.0 亿元，同比增长 10.5%，在西部地区软件业务收入中占比 20.1%；三省市合计占西部地区软件业务收入比重为 83.8%。

二、产业发展特点

（一）软件名城带动发展，示范作用不断增强

成都作为中国软件名城，积极把握成渝地区双城经济圈建设的战略机遇、新消费带来的市场机遇、新基建的政策机遇和国产软件发展的窗口机遇，对标国家软件发展战略，依托成都软件资源禀赋，着力构建国际国内特色优势，坚定不移加快推动软件产业高质量发展。2022 年，成都软件业务收入 4732 亿元，城市与产业协同共生，顶层设计与重点领域突破良性互动。在 2021 年工业和信息化部公示的两批共 25 个先进制造业集群决赛优胜者名单中，"四川省成都市软件和信息服务集群"处于第二批，从全国的软件和信息技术服务领域的产业集群中脱颖而出，成为"国家先进制造业集群"，开

辟了成都软件产业发展的新赛道。

2023 年，成都发布《成都市关于进一步促进软件产业高质量发展的若干政策措施》，提出 15 条政策措施，积极支持产业壮大规模，支持产业高质量发展，加强公共服务保障。此次出台的政策围绕名园、名人、名企、名品、名校、名会、名展、名赛"八名"体系，进行系统性谋划，同时对不同生命周期的企业予以针对性支持，在做大存量、做优质量等方面形成差异化举措。

（二）软件园区助推集聚，以点带面作用凸显

软件产业园区成为中西部地区经济发展重要助推器。成都天府软件园是首批"国家软件产业基地"、首批"国家备案众创空间"、首批"国家数字服务出口基地"之一，也是国家级科技企业孵化器及国家创新人才培养示范基地，更是中国最大的专业软件园区。园区位于成都高新区，已成为成都软件与服务外包产业的核心集聚区和西部地区领先的专业化科技园区。作为国家级软件产业园区，天府软件园持续提高建设水平，区域品牌价值达到 415.62亿元。目前，天府软件园已形成应用软件、通信技术、IC 设计、大数据、云计算、移动互联、数字娱乐、共享服务中心等几大产业集群，是国内外知名软件和信息技术服务企业在华战略布局的重要选择地。

湖南长沙软件园是国家首批"四大软件园"之一，以长沙高新区信息产业园为核心区，近年来园区软件信息及移动互联网产业蓬勃发展，规模以上企业逆势上扬，软件产业发展形势良好，引进了 CSDN 总部项目、万兴科技总部项目、文思海辉区域总部项目等一批重大项目，共吸引软件及互联网企业 200 余家入驻。

湖北武汉光谷产业园软件和信息技术服务业取得了长足发展，软件和信息技术服务业收入突破 1600 亿元，占全省软件业务收入七成以上，占武汉软件业务收入近八成，成为东湖高新区乃至全省经济增长的重要驱动力。

重庆软件园引入具有成都天府软件园成功运营管理经验核心团队，依托中国智谷（重庆）科技园、重庆市 5G 产业园等产业平台，聚焦人才与产业"双轮驱动"理念，着力引进培育数字文创、软件、物联网、工业互联网、大数据、5G、人工智能、信息安全等产业，加快推进区域数字经济高质量发展。

丝路软件城作为西安高新区软件和信息技术服务业的核心承载区，已经具备雄厚的产业基础，是我国 4 个同时拥有"国家软件产业基地"和"国家

软件出口基地"称号的园区之一。目前，园区已形成"2+5+N"的发展格局，着力推动应用软件、信息技术服务两大优势产业，加快发展集成电路设计、跨境电商、大数据与云计算、数字创意、信息安全五大新兴产业，同时积极培育人工智能、5G、工业互联网、物联网等多样化产业。数据显示，丝路软件城区域内集聚了陕西 90% 以上的软件和信息技术服务业企业，落地了施耐德、西门子、艾默生、华为、阿里巴巴、中软国际、海康威视、易点天下等一大批龙头企业，集聚企业 2800 余家，软件和信息技术服务业从业人员达到 23 万余人。园区内的华为西安研究所是华为在全球最大的研究所，人员规模超过 1.5 万人。

（三）汽车软件特色突出，加快形成新增长极

汽车软件是软件产业发展的一个新赛道，需要通过发挥集群效应来建立竞争优势。中西部地区建设汽车软件产业基地在全国具有示范意义，能够构建宽容的创新生态，融合产业链、创新链、供应链，打造创新的升级版，成为基地赢得未来竞争的关键点。中西部地区的汽车、电子、装备制造等产业发达，上下游产业链完整，形成了丰富的应用场景，为汽车软件产业领域发展奠定了扎实的工业基础，其后续将带动产品市场不断扩张，形成"链条效应"和示范效应。中西部地区已集聚中国软件百强企业 12 家、汽车智能化龙头企业 20 家、汽车核心软件研发企业 300 家、汽车配套软件交付企业 1000 家，为奔驰、宝马等 20 余家品牌车企提供智能化产品服务，整车装载量超过 1000 万辆。

园 区 篇

第十六章

北京中关村软件园

一、园区概况

中关村软件园于 2000 年成立，是国家自主创新示范区中的新一代信息技术产业高端专业化园区。自成立以来，中关村软件园先后被国家相关部委等授予"国家软件产业基地""国家软件出口基地""国际科技合作基地""国家火炬计划软件产业基地""国家级工程实践教育中心""国家软件与集成电路人才国际培训基地"等。2022 年，在园企业达到 789 家，园区企业总收入达到 4759 亿元，比 2021 年增加了 10.7%，每平方公里收入达到 1830 亿元。在企业类型方面，中关村软件园集聚高科技企业 73 家、上市企业 93 家、收入过亿企业 128 家、瞪羚企业 27 家、国家鼓励的重点软件企业 25 家。

中关村软件园汇聚了百度、腾讯（北京）总部、联想（全球）总部、新浪总部、滴滴总部、科大讯飞（北京）总部、亚信科技、千方科技、软通动力、广联达、启明星辰等 IT 核心企业，在大数据、人工智能、云计算、数字孪生、5G、物联网、区块链等领域突破关键核心技术。园区积极促进企业创新，先后涌现出"知识增强的跨模态语义理解关键技术及应用""长寿命超导量子比特芯片""相位量子态与时间戳量子态混合编码量子通信系统"等颠覆性技术成果，培育出数字绿土、中科汇联、天云融创等 90 余家专精特新企业。另外，园区正在加快培育"耐心资本"，构建多元投资体系，探索基金投资和认股权试点，激发早期投资活力。产业投资已覆盖种子期、天使期、成长期及 Pre-IPO 阶段，累计签署逾百份认股权，与百余家创新创业企业建立了认股权纽带。通过做长创新链、做强服务链、延长价值链、打通资本链，中关村软件园先后培育出文思海辉、网易有道、万集科技等 27 家从苗圃到上市的企业，诞生了小桔科技、跟谁学、理房通支付等多家独角兽企业，以及中科讯飞、启明星辰、国盾量子、嘉楠捷思等一批核心技术企业。

园区积极推动科研成果资源积累和转化，构建以产学研深度融合为特色的项目培育体系，并充分发挥高端人才的引领作用，带动创新项目或重大项目的转化与落地。园区依托"中国国际互联网+大学生创新创业大赛"、北京高校大学生创业园等双创平台，汇聚前沿科技成果、优秀创新创业项目和优秀人才，形成了成果池、项目池、人才池、资源池。同时，通过重点孵化、创业培训、创业项目对接等活动，持续挖掘产学研成果资源，推动科技成果转化，引导更多优质创业项目在北京落地。目前，园区已筛选出优质项目 5000余项，支持西人马科技、星网测通、圣威特、赋乐科技等硬科技项目在北京落地。

二、重点行业发展情况

（一）大数据

近年来，中关村软件园瞄准世界创新前沿，推动各项大数据项目落地。作为"大数据行动"先行先试园区，中关村软件园依托丰富的数据资源和强大的应用市场优势，在大数据关键技术研发领域不断取得突破，始终领跑大数据技术创新前沿，形成了数据采集、处理、存储、计算、应用的全产业链，充分利用大数据挖掘、处理、分析、应用等技术解决产业难题，超前布局人机交互、人工智能、虚拟现实等领域，建立大数据关键技术专利池和标准体系。京东、美团、百度已成为平台型领军企业，58 同城、滴滴、多点、贝壳找房等已成为细分领域数据平台。在大数据基础能力方面，中科曙光为大数据提供了高性能计算机及大容量存储产品支持；天云公司的产品也为大数据的存取、容灾备份等方面提供了很好的解决方案。在大数据应用方面，园区大数据行业应用主要集中在金融、政府、交通、广电、建筑、石油、医疗、电力、电信等方面，软通动力、IBM、东软、汤森路透等公司均推出了自己的大数据解决方案。在大数据安全方面，启明星辰、海泰方圆等安全企业正在为大数据时代企业的网络身份认证的安全性提供保障。天耀宏图与翼方健数加强双方在隐私安全计算和大数据领域的合作，通过合作，进一步提炼数据价值，通过数据"可用不可见"，实现数据价值互联互通，赋能客户发展。

（二）人工智能

中关村管委会率先发布了《中关村国家自主创新示范区人工智能产业培育行动计划（2017—2020 年）》，中关村软件园成为我国人工智能政策先行先试园区。园区企业在人工智能创新和市场化应用等领域不断开拓，已经成为引领全国乃至全球的人工智能创新生态。中关村软件园人工智能产业已成功涵盖人工智能基础层、技术层、应用层。基础层有提供算法平台、深度学习平台的厂商百度、浪潮、腾讯等。技术层有提供大模型、自然语音识别/处理、计算机视觉、知识图谱的厂商科大讯飞、百度、汉王科技、紫平方等。例如，百度联合吉利发布了业内首个知识增强的汽车行业大模型——吉利-百度·文心。在应用层，园区企业面向医疗、汽车、金融、制造、家居、教育等各行业领域打造应用，既有机器人、无人机、智能家居等硬件产品，也有智能制造软件、智能网联、金融大脑、人工智能医疗平台等软件产品。在硬件产品方面，汉王科技智能感知实验室发布首款嗅觉测试盒；森之高科将智能传感技术与人工智能技术相结合，为冬奥会国家队训练提供产品和技术支撑；中科曙光率先在国家算力枢纽节点落地多个智能计算基础设施。在软件产品方面，百度"AI 全场景高速体系"面向高速公路行业提供建管养运服全场景支撑能力；百度生成式 AI 产品文心一言正式开放，标志着 AI 加持的百度搜索走入日常生活。

（三）5G

5G 技术在中关村软件园建设智慧园区过程中起到举重若轻的作用，助力智慧园区智能化升级，加速场景化应用落地。一方面，园区在 5G 领域关键核心技术、5G 关键核心芯片领域技术、射频天线功率放大器等新兴关键技术领域产业构成丰富。为了让人工智能的创新产品、创新服务能够尽快走向市场，实现产业化，中关村软件园与电信、联通、移动 3 家运营商签订 5G 战略合作协议，对园区进行 5G 信号全覆盖，同时积极开放中关村软件园的智慧园区应用场景，为人工智能企业科技成果转化提供便利条件。另一方面，园区积极挖掘丰富 5G+垂直行业应用的场景，加强应用场景建设落地，推动产业集聚发展，打造全国领先的 5G 示范园区。例如，智慧慢跑道、智慧导览、智慧电子站台、4D+VR 驾乘体验、无人车应用等 5G 技术应用成果已在园区覆盖体验；同时，园区与百度、滴滴等知名企业合作，打造无人驾驶、车路协同应用体验场景，构建 5G 应用体验场景。亚信科技为多个核电厂及风电厂、火电厂等打造 5G 专网。广联达部署了国内首个完整的 5G 巡检系统的机器狗，替代人工深入危险境地，完成远程自动巡检任务。

第十七章

上海浦东软件园

一、园区概况

上海浦东软件园成立于 1992 年，是全国最早成立的软件园之一，也是上海乃至全国的软件产品、技术和人才的集散地，自成立之初就承载着推动中国软件产业发展的重要使命。在各级政府、中国电子和张江集团两大股东的支持和带领下，浦东软件园以滚动开发的模式先后打造了郭守敬园、祖冲之园、三林世博园、昆山园、川沙园及三林园，其中除川沙园外剩下五大园区均已投入运营。

经过三十年的发展，上海浦东软件园已经形成比较完整的上下游产业链，园区产业特征清晰、技术创新活跃、人力资源优秀、服务功能完善、辐射范围广泛、集聚效应显著。园区已形成包括移动互联、人工智能等在内的七大产业集群，从业人员总数已超过 45000 人，共有企业 1600 余家，提供的产品与服务超过 10000 种，园区的产业示范和引领作用日渐显著。与此同时，浦东软件园按照"创新驱动、转型发展"的思路，建立以龙头企业为主体、产学研联合的发展机制，形成了需求牵引、创新应用的发展模式，在信创、元宇宙、工业软件等领域的产业布局也在持续加快。

在品牌塑造方面，在荣获"国家软件产业基地""国家软件出口基地""国家数字服务出口基地""国家新型工业化产业示范基地"等多项国家级殊荣后，浦东软件园持续聚焦推动软件产业高质量发展的主线，不断强化园区内产业发展布局和资源配置，形成了强大的创新能力和发展后劲。2023 年 4 月，由中国软件行业协会主办的 2023 第二届中国国际软件发展大会发布，上海浦东软件园荣获"2022 年最具活力软件园"称号。与此同时，浦东软件园还积极推动与相关兄弟单位的战略合作，不断加快优势互补。

二、园区企业发展情况

（一）企业培育

上海酷栈科技有限公司凭借在云计算领域的技术优势及在信创领域的丰富实践入选"2022 中国信创 500 强"榜单。上海上讯信息技术股份有限公司、上海酷栈科技有限公司、上海达梦数据库有限公司入选"2022 信创产业独角兽 TOP100"榜单。园区内中国银联、花旗金融信息、七牛云、核心信息、上扬软件、大汉三通多家企业入选"2022 上海软件和信息技术服务业百强"与"2022 上海软件和信息技术服务业高成长百家"名单。园区企业森亿智能、达观数据获评"2023 上海市重点服务独角兽（潜力）企业"。锚云科技、极维科技、君睿信息、奥龙科技、光梓科技、荣湃半导体、因势智能等多家园区企业入选"上海市 2023 年第一批入库科技型中小企业名单"。上海浦东软件平台有限公司、上海浦东软件园汇智软件发展有限公司、上海酷栈科技有限公司等近 40 家园区企业入选"上海市 2023 年第二批入库科技型中小企业名单"。

（二）企业投融资

2022 年，园区企业克服新冠疫情带来的不利影响，不断创新突破，接连获得行业及社会资本的高度认可。2022 年 3 月，达观数据完成 C 轮 5.8 亿元融资，本轮融资刷新中国自然语言处理与知识图谱领域融资纪录，将强化达观数据在文本智能处理领域的领先优势，带动 NLP、RPA、OCR 等核心产品的科技创新和产业应用。2022 年 4 月，大汉三通完成 1 亿元战略融资。大汉三通作为行业领先的 5G 消息综合服务商，是国内首家以 5G 消息为主题成功融资亿元的企业，在 5G 消息技术研发和应用场景开发方面走在行业前列。本轮融资将用于技术投入、研发投入、市场拓展等方面。2022 年 7 月，望繁信完成过亿元 A+轮融资。本轮融资是继 2021 年 7 月获首次融资后，望繁信完成的第 4 笔融资，也是目前我国流程挖掘赛道的最大笔融资。本轮融资将用于加大望繁信在产品研发和市场拓展等方面的投入。2022 年 10 月，上扬软件完成数亿元 D 轮融资。本轮融资将用于 12 英寸全自动晶圆厂量产线智能制造软件 CIM/MES 的研发，用于 12 英寸半导体产线子系统、EES 的研发及其他软件产品的研发升级,用于引入高端行业人才来提升团队整体的研发能力。同样在 10 月,优集工业完成 2.5 亿元 A 轮融资。优集工业专注于为高端研发制造型企业提供行业化数字化转型和智能制造创新服务解决方案,自主研发青翼 CAD 等系列优秀产品。本轮融资将用于持续扩大研发投入,加快产品开发和招募更多高级人才。

第十八章

四川成都天府软件园

一、园区概况

　　成都天府软件园成立于 2005 年，是首批"国家软件产业基地"、首批"国家备案众创空间"、首批"国家数字服务出口基地"之一，也是国家级科技企业孵化器及国家创新人才培养示范基地，被工业和信息化部认定为"中国骨干软件园区第 3 名"。2022 年，园区荣获"2022 年最具活力软件园""2022 年度高质量发展园区""2022 中国软件和信息服务业领军产业园区""2022 年领航产业园区"等称号。成都天府软件园包括天府软件园、AI 创新中心、瞪羚谷·数字文创园、创业场，着力打造"一园多点"空间布局。

　　天府软件园核心区已经吸引了 IBM、SAP、EMC、飞利浦、马士基、西门子、爱立信、Dell、Wipro、DHL、普华永道、NCS、Garmin、阿里巴巴、腾讯、宏利金融等众多国内外知名企业落户，并形成了全方位覆盖资金、人才、圈子、市场、创业辅导的"5C"创业培育计划，已成功孵化出极米、医联、拟合未来、百词斩、美幻科技、咕咚、tap4fun、TestBird、狮之吼、鲁大师、理想境界、麦麦养老、精位、晓多、博恩思等众多国内外领先的企业和产品。在公共服务方面，园区建立了包括企业服务、人才服务、创业孵化、公共技术平台、品牌服务、虚拟园区、海外拓展及金融服务在内的八大园区服务体系。

二、重点行业发展情况

（一）5G

作为国内知名的创新地标，天府软件园及 AI 创新中心集聚了一大批包括鼎桥&中国信通院 5G 行业终端与应用创新中心、中国移动（成都）产业研究院与新华三 5G 联合实验室、四川省信息技术应用与保障创新中心、中国移动 5G 产业生态合作伙伴中心、爱立信成都研发中心、西门子在内的 5G 通信技术领军研究院及企业。

中国移动（成都）产业研究院搭建的 5G SA（独立组网）智慧医疗专网，被运用于郑州大学第一附属医院的移动查房车；"5G 医疗急救车"在宜宾长宁地震救援中成功应用，让医疗专家远程会诊开展救援；"5G 热成像人体测温系统"在天府软件园人数较多的楼宇中进行体温检测。该研究院已在教育、医疗、农业、无人机、扶贫、应急等多个领域提供了 5G+解决方案，引领了"5G+AI+医教农"行业技术方向。下一步，快手还将在园区内打造国内首个"5G+短视频产业基地"，计划在短视频领域打造孵化空间、创作服务平台等生态，以期引进和培育文创企业、MCN 机构等，建设数字文创、短视频产业集群。智元汇是国内以城市公共交通场景为依托的城市数字化系统研发、投资、建设与场景运营的代表性企业，2022 年接连上榜"成都服务业企业100 强""四川企业技术创新发展能力 100 强"。

（二）人工智能

天府软件园及 AI 创新中心是支撑成都建设国家新一代人工智能创新发展试验区、国家人工智能创新应用先导区、中国西部（成都）科学城的核心高品质科创空间之一，主要聚焦 AI、5G、大数据、网络安全、工业互联网、车联网、卫星互联网等新经济细分领域，重点布局平台生态型龙头企业研发总部、结算总部、区域总部等功能性总部及国家实验室、国家制造业创新中心、技术创新中心等高能级科创平台（新型研发机构）。

天府软件园拥有华雁智能、中科创达、淞幸科技、章鱼侠科技、中天鹰眼、房联云码等国家级及四川省专精特新企业。

AI 创新中心一期已集聚百度、中国移动（成都）产业研究院、新华三成都研究院、快手直播电商全国总部、网易成都数字产业基地、中科创达西部总部、绿盟科技西南区总部基地等 5G 与人工智能重点项目，其中包括百度 Apollo 西部智能驾驶创新中心、国家级工业软件协同攻关和体验推广中心、工业云制造（四川）创新中心、工业信息安全（四川）创新中心、海光集电、亚马逊云科技联合创新中心、新加坡创新中心、岷山科技大厦、IC 设计中心等高能级科创平台（新型研发机构）。

百度智行成都公司作为全球智能驾驶头部企业，于 2021 年 4 月启动百度成都 5G 智慧城智能驾驶项目，至今成都首批无人驾驶号牌的 12 台智能网联汽车已开始路测。该批智能网联汽车基于百度 Apollo 自动驾驶开源平台开发，采用业界最先进的自动驾驶技术方案，车辆运行过程中"成都 5G 智慧城智能驾驶 ACE 引擎平台"可将路测车辆及路口的情况数字化实时展现，运用先进 AI 算法进行处理，可让测试车辆实时掌握整个测试片区的交通情况，提前规避道路障碍及安全风险，以实现最高安全等级的自动驾驶。

（三）数字文创

天府软件园是全国首批"国家数字服务出口基地"之一，拥有国内首个国家级超高清视频产业基地"中国（成都）超高清创新应用产业基地"。天府软件园及瞪羚谷·数字文创园重点围绕游戏电竞、影视动漫、数字文创、数字音乐、数字传媒等产业方向，打造中国西部高品质公园产业社区典范，目前已经形成以可可豆动画影视、咪咕音乐为代表的本土数字文创主体，吸引了腾讯新文创总部、阿里巴巴娱乐文化集团、爱奇艺潮流文化坊、今日头条、墨境天合数字图像、云想控股短视频创新中心、中国广电、完美世界天智游、成都广电喜马拉雅、北京中体明星（刘天池表演工坊）、同程艺龙西南总部、泸州老窖创意文化中心等行业头部企业，为成都打造千亿元级数字文创产业集群添砖加瓦。2022 年，瞪羚谷·数字文创园入选"成都市市级文创产业园区"名单。

腾讯新文创总部是腾讯在全国范围内设立的首个功能型总部，打造了《王者荣耀》国民现象级游戏。爱奇艺潮流文化坊是爱奇艺国内首家集线下生态赋能与深化文创体验于一体的文创产业服务载体，将通过爱奇艺平台资源，从资金、技术、商业、渠道等方面赋能成都文创企业，与政府及多家企业联合发布了数字经济产业"AORTA"扶持计划。《喜马拉雅：2022 年原创内容生态报告》显示，2022 年喜马拉雅创作者同比增长 24.6%，优质原创内容月均投稿量同比增长 146%，新增优质原创内容播放量达到 4.27 亿次。

第十九章

江苏南京软件谷

一、园区概况

中国（南京）软件谷成立于 2011 年 8 月，位于南京主城的西南部，是全国最大的通信软件产业研发基地，也是全国首批、江苏唯一的国家新型工业化产业示范基地（软件和信息服务）。自成立以来，园区先后获得中国服务外包基地城市示范区、国家级服务业标准化试点园区、国家数字出版基地、国家级博士后工作站等多项国家级荣誉。

软件谷共分为北园、南园、西园三大园区。北园依托华为、中兴通讯、三星、步步高等一批行业领军企业，重点建设具有全球竞争力的通信软件及移动智能终端产业研发基地。南园以中兴通讯三区、亿嘉和等企业为支撑，聚焦发展云计算、大数据、人工智能、虚拟现实等新兴业态。西园以国家数字出版基地为依托，打造全国一流的数字服务产业基地和产业孵化基地。

近年来，软件谷服务业集聚区充分发挥主导产业优势，推动软件产业集聚发展，实现经济稳步增长，创新创业环境不断优化完善，创新创业生态初步形成，独角兽、瞪羚企业不断涌现，成为全市发展数字经济的重要承载区、高新技术产业集聚区和创新创业氛围最活跃的区域之一。2022 年，软件谷实现软件业务收入 2600 亿元，集聚涉软企业 3842 家，全年新增省级以上众创空间和科技企业孵化器 8 家，入选全市独角兽、瞪羚企业 47 家（其中独角兽企业 2 家、培育独角兽企业 24 家、瞪羚企业 21 家），入选国家级专精特新企业 9 家，入选省市级专精特新企业 49 家，位居全市前列。2022 年以来，软件谷着力推进产业链招商、央企招商、图谱招商、场景招商，招引各类产业项目 185 个，其中亿元以上签约项目 44 个，实现实际利用外资额 1.82 亿美元。

二、重点行业发展情况

此前，软件谷已构建"六大创新产业集群"格局：通信软件及运维服务产业集群，云计算、大数据及信息安全产业集群，互联网产业集群，人工智能及智能终端产业集群，芯片设计、测试、封装产业集群及信创产业集群。在 2022 年举办的软博会期间，软件谷抢抓工业软件和元宇宙两个新赛道，积极布局未来产业，全力构建"6+2+X"产业体系，产业结构整体迈入"数字蓝海"。

（一）通信软件及运维服务产业集群

软件谷是科技部认定的"中国通信软件特色产业基地"，同时也是国内规模最大、集聚度最高、占据行业主导地位的通信软件产业集聚区。软件谷的通信软件及运维服务产业集群已集聚华为、中兴通讯、亚信科技、三星电子、中邮建、嘉环科技、欣网视讯等近 200 家企业，建筑面积超过 130 万平方米，从业人员超过 6 万人。依托华为、中兴通讯、江苏润和、文思海辉等重点企业，软件谷持续巩固并强化通信软件产业的优势，进一步提升在大型交换系统、数据网络、增值业务、下一代网络核心技术、通信解决方案等领域的核心价值。

（二）云计算、大数据及信息安全产业集群

软件谷在南园建设国内一流的超级云计算技术研发中心、产业拓展基地和服务示范窗口，重点建设超级云计算服务产业园，集聚了紫光、华软、云创存储、斯坦德等一批云计算龙头企业，聚焦发展超级云计算技术研发和应用服务，加快构建和完善集云计算基础设施、技术研发、系统集成、硬件产品制造、软件支持服务、市场运营等为一体的产业体系。软件谷集聚了中新赛克、易安联、聚铭网络、博智安全、安讯科技等网络安全企业数十家。

2021 年 6 月 7 日，中国（南京）软件谷云计算大数据信息安全产业联盟正式成立，联盟发起成员单位 37 家。2022 年，博智安全科技股份有限公司作为合作伙伴，支持由国家工业信息安全发展研究中心、工业信息安全产业发展联盟主办的 2022 年中国工业信息安全大会。博智安全凭借在工业信息安全产业创新发展中的突出贡献，荣获"年度联盟优秀成员单位"称号。

（三）互联网产业集群

软件谷的互联网产业集群包括互联网应用、互联网服务、电子商务、物联网等相关产业，拥有一批包括满运软件、众能联合、千米网、网觉软件、蜂云供应链、艾迪亚等在内的互联网领域成熟企业。近年来，一些"后起之秀"（如美篇、中碳网、功夫豆等新兴企业）也逐渐发展壮大。2021 年 11 月 19 日，中国（南京）软件谷互联网产业联盟成立，首批 33 家成员单位中，涵盖了包括满运软件、千米网在内的多家知名互联网企业。

2023 年 2 月，江苏省互联网协会第四届生态合作伙伴大会在软件谷科创城举行。大会以"生态协同，聚力同行"为主题，聚焦行业生态平台搭建，推动行业、产业资源协同，共建合作共赢新生态，助力江苏高质量发展。软件谷将与江苏省互联网协会、互联网领域的广大企业和人才携手同行，参与"产业园区数字化赋能计划"，聚双创之能，扬生态之优，全力推进软件谷向数字谷迭代升级。

（四）人工智能及智能终端产业集群

作为软件谷六大产业联盟中首个挂牌成立的产业联盟，人工智能产业联盟自成立以来，推动产业结构下企业上下游之间的交流合作，创造新的营收贡献增长点，通过谷内人工智能龙头企业、相关新型研发机构、相关创投基金三方协作，将政府部门、重点企业、研发机构、产业资本等紧密联系在一起。该产业集群建筑面积达到 20 万平方米，实现收入超过 100 亿元，从业人员约 2 万人。软件谷大力引入人工智能领域企业和项目：华为南京人工智能创新中心落地软件谷；国内首个公共安全人工智能产业园——东南智盾明略人工智能产业园正式开园，明略科技等多家领军企业入驻；由中国（南京）软件谷、爱尔兰都柏林圣三一大学马丁院士团队等签约共建的南京中爱人工智能与生命科学研究院入驻。

2022 年，公共安全人工智能产业园（二期）正式开工建设，位于软件谷南园，规划打造总建筑面积 37.3 万平方米的智慧园区，重点引入智能芯片、智能传感器、智能机器人、语音处理、机器视觉、智能交通、信息网络安全等细分领域项目，打造国内一流的人工智能科创载体。项目预计 2025 年底建成，建成后，核心产业规模预计将达到 50 亿元，带动相关产业规模超过 500 亿元。

（五）芯片设计、测试、封装产业集群

南京软件谷集成电路产业联盟首批成员单位共计 29 家，由中兴光电子任理事长单位，泰治科技、江苏芯云、沁恒微电子 3 家单位为副理事长单位。软件谷的芯片设计、测试、封装产业集群集聚了中兴光电子、国网智芯、泰治科技、沁恒微电子等一批具有核心竞争优势的高新技术企业。其中，泰治科技是国内极少数具备完整、独立知识产权的标准 SECS/GEM 协议研发能力和非标设备 iSECS 的高科技企业，在国内芯片封测企业软件服务领域占据领导地位；沁恒微电子是国内隔离卡、单向导入产品及方案的主芯片供应商，全球已有数万家公司基于沁恒芯片设计电子产品，每年至少有超亿台设备通过 WHC 芯片（沁恒产品主品牌）建立连接，USB 系列芯片累计出货量超亿颗。

（六）信创产业集群

软件谷的信创产业集群集聚了航天科工、统信软件、翼辉信息等一批先导企业。软件谷内的江苏航天七零六信息科技有限公司，隶属于中国航天科工集团二院七〇六所，是七〇六所的信创企业总部，是中国信创产业核心产品供应商、信息化建设的解决方案提供商、数字化时代的信息系统集成商。2022 年，博智安全凭借在信创安全方面的研发技术、高性能的产品和解决方案，以及在信创领域多年的市场核心地位，实力上榜《互联网周刊》联合德本咨询发布的"2022 中国信创 500 强"榜单。博智安全紧跟国家战略，推进产品适配验证，构建良好生态，目前公司众多安全产品均实现了相对完善的信创布局，也与中科方德、中标麒麟、银河麒麟、统信 UOS 等国产操作系统完成了适配，为自主可控信息安全体系建设提供强有力的支撑。

（七）工业软件与元宇宙

2023 年 3 月 31 日，中国（南京）软件谷元宇宙产业联盟协办的工业元宇宙沙龙在南京软件谷举办，高通、微软、Nibiru 睿悦和中兴通讯及上百家工业企业共同就 VR/AR、人工智能、工业流程和培训、物联网等技术在工业行业的场景应用及实践落地进行了分享及深入交流。高通与 Nibiru 睿悦等合作伙伴通过开放的支持模式，为工业企业开发者提供便捷路径，实现原有内容及应用高效迁移；中兴通讯通过 XRExplore 平台，实现异地沉浸式交互，

为 3D 数据可视化提供更好的业务体验，打造出物理世界和数字世界融合的工业元宇宙平台；微软亚太研发集团表示 ChatGPT 等人工智能技术的推出及广泛应用，让工业企业数字化低成本、高效率转型升级成为可能，通过将人工智能、XR、物联网、大数据等技术融合，微软用数字孪生模拟、预测、自动化生产流程，推动了众多工业企业的元宇宙落地；Nibiru Creator 最新数据版本通过无代码实现了工业培训内容的高效创作，通过灵动平台将来自全球专业用户的创作经验和技巧整合成行业模板，赋能内容开发者进行内容创作，通过深度数据抓取实现工业培训数据的实时获取及反馈。

第二十章

福建福州软件园

一、园区概况

福州软件园于 1999 年开始筹建，规划用地面积 330 万平方米，集聚了 35000 多名各类人才。软件园先后被工业和信息化部认定为"国家新型工业化产业示范基地"，被国家新闻出版广电总局（2018 年改为国家广播电视总局）授予"海峡国家数字出版产业基地"，被国家外国专家局授予"国家软件与集成电路人才国际培训（福州）基地"。截至 2022 年，园区已经吸引 1285 家企业入驻，园区年营业总收入超过 1700 亿元。福州软件园已成为福州软件和信息技术服务业的重要集聚区，成为省内软件产业发展的龙头和重要引擎，更为产业创新发展创造了新经验、新模式。

二、园区发展情况

（一）产业集聚发展

截至 2022 年，软件园汇聚国家高新技术企业近 300 家，其中国家级专精特新"小巨人"企业 96 家，未来独角兽与瞪羚企业 20 余家，共有 11 家总部企业上榜"福建省软件与信息技术服务业 50 强"。软件园内形成了集成电路及智能制造、软件产品及行业应用、文化创意与科技融合、互联网及大数据四大特色产业集群。

在集成电路及智能制造方面，园区充分发挥集成电路设计与制造业优势，积极提升产业链垂直一体化和横向整合能力，形成一批在全国行业细分领域优秀的集成电路及智能制造企业。福州锐景达光电科技有限公司与福州富昌维控电子科技有限公司入选 2022 年第二批《福州市名优产品目录》名单；福晶科技的"250MHz 保偏光纤耦合型声光调制器"获得了"2022 激光加工行业-荣格技术创新奖"。

在软件产品及行业应用方面，园区持续推进工具软件和行业应用软件发展，大力支持软件产品在新一代信息技术领域的应用创新，集聚了众多国内知名软件企业。榕基软件、福昕软件被《互联网周刊》列为中国创新软件 100 强企业。榕基软件在电子政务细分领域竞争力全国领先，入选国家安全可靠系统集成服务厂商目录，2022 年入选新型信息消费示范项目，拥有安全可靠相关标准制定资格；福昕软件是版式文档应用软件领域的全球知名品牌，且在 PDF 电子文档核心技术与应用领域位列全国第一、全球第二，成为福建首家转科创板的新三板挂牌企业；正孚软件凭借多年在大数据领域源源不断的研发投入和市场拓展，在以"激发数据潜能，共赢数字未来"为主题的"2022（第七届）大数据产业生态大会"中一举斩获"2022 中国大数据企业 50 强""2022 信创产业明星企业""2022 数字赋能先锋企业 30 强"3 项大奖，同时还上榜"2022 中国大数据企业投资价值百强榜"，并成为大数据产业生态联盟理事会员单位；国脉科技、亿榕信息、中电福富、中富通等企业在高端电信服务综合竞争力方面、电力服务领域、质检行业电子申报领域、通信信息行业位居全国前列。

在文化创意及科技融合方面，园区积极推动科技和文化产业深度融合，为产业经济的创新发展提供了强大动力，拥有一批在文创领域颇具影响力的网络科技企业。富春科技的《古龙群侠传之大掌门 2》入选"中国原创游戏精品出版工程"；风灵创景手机个性美化工具 91 桌面用户已超过 3 亿户，在第三方手机桌面市场行业排名第一；宝宝巴士网络科技在互联网早教领域全球领先，宝宝巴士 App 现已面向全球 144 个国家和地区发行了 19 个语言版本，在全球 App 下载量公司排行榜中最高位居第七，是全球唯一上榜的教育类产品；四三九九网络股份有限公司入选软件和信息技术服务竞争力前百家企业名单。

在互联网及大数据方面，园区积极引进培育互联网与大数据领军骨干企业，支持企业面向全国提供大数技术产品、服务和应用解决方案，鼓励企业探索数据服务模式创新，开发面向政府、企业和个人的数据服务。南威软件是数字政府服务与运营商、公共安全大数据领域龙头企业，入围全球大数据供应商名录，大数据产品在 20 余个国家部委使用，覆盖超 80 个国家和地区；

长威科技的智慧城市建设解决方案全国领先，近年连续被评为"中国大数据企业 50 强""中国信息技术领军企业"；顶点软件的营销证券业务支持平台全国第一，具备自主知识产权的金融大数据分析体系，在金融科技行业具有重要的影响力；达华智能超前布局卫星通信，拥有海洋卫星大数据分析和应用能力；正孚软件作为一家以数据驱动产业数智化的创新型科技企业，以"变革文件应用、创新监管方式、促进数字化转型"为使命，凭借多年在大数据行业的研发投入与市场拓展，荣获"软件行业大数据领域领军企业"称号；鼎旸信息、吉星智能等企业深入研究空间地理大数据分析，开展物联网、车联网等方面应用。

（二）双创载体建设

园区深入实施"苗圃计划"和"数字精英孵化计划"，全力打造数字经济标杆区、总部经济示范区、平台经济集聚区，围绕 IC 设计及智能制造、大数据应用、行业应用软件、物联网、文化和科技融合、大数据应用、移动互联网、新一代信息技术应用、人工智能等行业领域开展孵化，汇聚国家级众创空间 1 家、省级众创空间 6 家、市级众创空间 9 家、国家级科技企业孵化器 1 家、省级科技企业孵化器 2 家、省级互联网孵化器 5 家，累计培育创业企业（团队）超过 520 个。

围绕双创发展要素，福州软件园积极对接整合专业平台，汇集优质资源，不断完善双创服务："知创福建"平台首创知识产权公共服务"最多跑一地"模式，有效吸引创新资源和要素；华为云福州创新中心为近 2000 家企业提供软件开发云服务，关联产值逾 25 亿元，可为园区企业降低 30% 的上云成本；信创产业适配中心等示范项目接连落地，辐射园区信创产业全产业链、全领域协同发展。

福州软件园全力引才育才留才，打造人才高地。软件园线下搭建大学毕业生求职者与企业岗位的沟通桥梁，线上通过直播实现"云互动"。2022 年，软件园举办"双创促就业"数字人才招聘会，长威信息、中电福富等 27 家企业参与线下招聘，提供 200 多个就业岗位，涉及计算机软件、电子电气等领域。"直播带岗"线上活动共吸引超过 2 万多人次在线观看。福州软件园产业服务有限公司持续开展人才引进工作，自 2013 年至今举办 IT 专业毕业生专场招聘会、人才空中双选会、IT 企业入校寻才行动、RPO（代招聘）、"直播带岗"等引才活动共计 120 期，累计服务企业 4820 家次，推送岗位 77319

个，共计为企业推送人才 6370 人。

（三）公共服务体系建设

园区积极推进专业化服务建设，成功打造华为云福州创新中心、基金公共服务平台、北京软交所福建工作中心、"五凤论见"产业交流平台、"知创福建"省级知识产权公共服务平台、海峡人力资源产业园、海峡两岸信息服务大赛等专业化服务平台，不断致力于创新服务生态圈，以技术、资本、IP、人才、市场全方位服务企业。

第二十一章

山东齐鲁软件园

一、园区概况

    齐鲁软件园位于济南高新技术产业开发区，成立于 1995 年 11 月，是我国成立最早的"四大软件园"之一，是全国首批"国家火炬计划软件产业基地"之一，"国家软件产业基地""国家信息通信国际创新园（CIIIC）""国家软件出口创新基地""中国服务外包基地城市示范区"等"国字号招牌"先后落户齐鲁软件园。2019 年，齐鲁软件园依托大数据产业优势，以高新区管委会为主体申报获批工业和信息化部国家新型工业化产业示范基地（大数据）；齐鲁软件园获批山东省首批示范数字经济园区，是济南唯一一家获批园区。2020 年 4 月，齐鲁软件园入选"国家数字服务出口基地"。2020 年 12 月，齐鲁软件园国家级科技企业孵化器再度获评优秀（A 类）。

    截至 2022 年底，齐鲁软件园注册企业数量近 7 万家，其中过亿元企业 270 余家，境内外挂牌上市企业百余家，市级瞪羚企业 121 家，较上年增长 43%。2023 年 5 月，山东省 2023 年度第一批创新型中小企业名单公布，其中 241 家位于齐鲁软件园。齐鲁软件园现已形成以应用软件、大数据产品和服务为核心的大数据产业，以设计、服务为核心的集成电路产业，以人工智能与各领域深度融合为方向的人工智能产业，以自主可控、安全可靠为方向的信息技术应用创新产业，以量子通信、量子计算和量子精密测量为方向的量子信息产业等主导产业。

二、园区发展情况

（一）重点行业领域

经过数十年发展，齐鲁软件园已经发展成为山东甚至华东地区重要的软件产业基地，Microsoft、IBM、Intel、Panasonic 等众多世界 500 强企业在此设立分支机构及开放实验室，中兴通讯、华为通信等国内计算机、通信和软件巨头纷纷入驻。齐鲁软件园的产业发展范围已覆盖济南高新区中心区 22 平方公里，成为山东自贸试验区济南片区的核心产业承载区。2023 年，齐鲁软件园计划布局打造六大产业发展集群：以工业软件、工业互联网产业为核心的基础型产业集群；以人工智能、集成电路产业为核心的特色型产业集群；以大数据产业为核心的应用型产业集群；以量子信息、信创产业为核心的前沿型产业集群；以总部经济与金融产业为核心的活力型产业集群；以元宇宙为核心的未来型产业集群。齐鲁软件园将加快产业规模化、集群化发展。

在大数据与行业软件方面，齐鲁软件园形成了以数据中心为上游、以大数据技术平台为中游、以大数据应用为下游的完整高效产业链，实现了在政务、交通、电力等领域的典型应用。2019 年，中商惠民、作业帮、蚂蚁集团、滴滴、Tradeshift 等一批独角兽企业集中落户；以浪潮集团为龙头，金现代、华天软件、众阳健康、航天九通等 2000 余家骨干企业，涵盖从数据生产、采集、存储到加工、分析、服务的全产业链，形成"1+N+N"（1 个龙头企业引领、N 个骨干企业共进、N 个中小企业发力）协作共赢的产业发展大生态，打造千亿元级大数据产业集群。在电子政务、智能安防、智慧电力、智慧教育、智慧医疗、智能制造、智慧环保等多个领域进行产品开放和场景应用，形成"智慧辐射圈"。

在集成电路设计和服务方面，积极推动行业应用、芯片与整机的联动发展，持续打造以设计为核心、以整机产品与系统集成为基础、以应用为先导的产业格局。齐鲁软件园集聚了联曝半导体、富鸿芯、世芯、概伦、高云半导体等知名企业，进行半导体材料研制、通信芯片研发、国产 FPGA 芯片研发、国产 EDA 工具研发，聚焦 8K 高清、5G、AI、国产 EDA 工具、国产 FPGA 等核心服务与产品，推动产业链高速平稳发展。

在人工智能方面，当前齐鲁软件园已培育近百家人工智能企业，并通过大力推进"现代优势产业集群+人工智能"行动，打造具有国际竞争力的人工智能产业链，形成国内人工智能产业示范标杆。为抢抓人工智能发展机遇，济南高新区依托齐鲁软件园规划建设人工智能产业基地，围绕"人工智能大厦"核心研发高地，建设人工智能岛，助推人工智能企业快速集聚发展。入驻企业包括深兰人工智能应用研究院、新松工业软件研究院、山东百谷信息技术有限公司等，主要集聚人工智能软硬件研发、机器人研发、智慧城市、集成电路设计等产业相关企业。作为齐鲁软件园发展人工智能产业的重要孵化载体，人工智能大厦按照"政府引导、协同创新、企业化管理、市场化运营"的服务理念，重点集聚人工智能产业基础层、技术层与应用层等领域关键技术项目和企业。

在信息技术创新应用方面，齐鲁软件园集聚了中孚信息、蓝剑钧新、华软金盾等一批前沿企业，在密码安全、身份识别、智能硬件、硬件密码管理等方面拥有多样化的产品和解决方案，软硬件国产化、一体化应用经验丰富。新松工业软件研究院、航天人工智能芯片研究院、省密码技术与网络安全技术转化中心项目等一批重大创新项目落地，形成信息技术创新应用产业发展格局。

（二）人才服务体系

齐鲁软件园发展中心建立健全人才企业联系人制度，深入做好高层次人才精准化服务工作，在人才引进、人才招聘、员工培训、大学生实训等各个环节，形成了覆盖高层次人才、骨干人才和基础人才的全方位、立体化人才服务体系。利用国家软件人才国际培训、国家海外高层次人才创新创业等多个国家级人才平台，齐鲁软件园累计引进和培养了省级以上各类人才134人、市级领军人才245人、紧缺高技能人才2000多人，在大数据、人工智能、集成电路及信息技术等产业领域集聚了科研实力。

加大招才引智力度。积极宣传国家、省、市、区人才政策，做好高层次人才服务工作，为各类人才提供政策咨询、工商注册、项目申报等一站式服务。运用国家级、省级、市级和济南高新区4级人才政策，齐鲁软件园积极在园区内营造人才创新创业、快速成长的良好生态。

提升骨干人才素质。为促进企业骨干人才交流、学习、提升，齐鲁软件园提供齐鲁学堂高端培训，涵盖开发技术、人力资源、财务税务、法律法规、政策解读、项目管理等方面，打造公共服务平台，为企业的可持续性发展提供动力支持。

校企合作不断发力。齐鲁软件园结合产业快速发展带来的人才需求，突出国际化复合型人才的培养要求，坚持"校、企、园三位一体"的发展思路，积极探索面向行业的应用软件、集成电路设计和服务、机器人与智能制造、新技术和新业态等领域的新型人才培养方式，形成一条校、企、园三位一体的校企合作路子。齐鲁软件园注重"卡脖子"难题，建立集成电路人才实训基地，为生产设计领域引进骨干研发机构，培养研发设计人才，为即将踏入集成电路领域的学生们培养参与项目设计的基本能力。

首创集成电路设计人才闭环培养。为实现集成电路设计人才的有效培养与输送，齐鲁软件园发展中心携手山东芯动能集成电路有限公司，开展集成电路设计高端人才联合培养项目。这种"企业提出需求、园区谋划方案、政府资金扶持、机构实战培养、定向输送企业"的人才培养闭环模式，在山东省内尚属首次，能够促进集成电路设计产业发展，尽快解决集成电路专业人才不足的问题。

（三）金融服务体系

在金融服务方面，齐鲁软件园通过联合银行、投资机构、政府相关机构等多方合作，为企业提供多层次的资金服务产品等，已经初步建立银行贷款、政府支持资金、风险投资多头并进的融资服务体系和保障平台。为解决中小企业融资难题、监控辖区金融形势，园区联合网金中心开发打造了"高新金融大脑"政府金融公共投融资服务平台，运用金融大数据技术手段有效匹配金融机构与资金需求企业，有效解决金融资源对接问题。园区百余家上市挂牌企业累计实现直接融资 354 亿元，其中新三板企业直接融资比例和数额均居全国前列。融资企业数占高新区挂牌企业总数的 64.7%，平均每家企业完成两轮以上的融资，平均单次融资额达到 7193 万元。平台自上线以来，已完成注册企业 726 家、金融机构 68 家，完成融资对接 2.136 亿元，大大促进了区域内金融机构与企业的良性互动。2022 年，山东联合沪深交易所加强政策宣传，引导企业合理使用创新融资工具，提高融资多样性、有效性，同发改委等单位推动一批企业拿出优质资产参与基础设施公募 REITs 试点，盘活存量资产，形成投资良性循环。

第二十二章

山东青岛软件园

一、园区概况

　　青岛软件园由青岛市南区政府投资建设，位于市南区浮山脚下，是青岛政治、经济、科技、文化、商业、金融、旅游和对外开放的中心区域。青岛软件园是青岛软件产业的发源地和集聚区，是国内少有的地处城市中心区域、核心地段的产业园区，先后获得"国家火炬计划软件产业基地""中国软件欧美出口工程试点基地""全国先进科技产业园""国家级科技企业孵化器"等荣誉称号。青岛软件园运营的市南软件园荣获"省级软件产业园区""山东省经济数字示范园区""山东省软件名园""青岛市数字产业集聚区""青岛市现代服务业集聚区（数字信息类）"等多项荣誉称号。目前，市南软件园已入驻企业 243 家，入驻率 97.80%，从业人员超过 8000 人，累计培育出上市、挂牌企业 17 家，现有高新技术企业 26 家，其中专精特新企业 20 家，国家级专精特新"小巨人"企业 3 家，涌现出鼎信、积成、松立、金东、优创等一大批行业龙头企业。

　　近年来，青岛市南软件园紧扣数字经济产业定位，以打造"中国智谷"为目标，以数字产业化为主攻方向，以数据价值化为关键要素，以产业数字化和数字治理为辅助支撑，以高端软件为地标引领，打造以人工智能、集成电路、数据服务、元宇宙内容生态为特色支撑的"1+4"数字经济产业体系，不断促进产业集群化，夯实数字经济先发优势。

二、重点行业发展情况

（一）集成电路与软件服务外包

园区大力发展集成电路产业，先后投资 3000 万元建成全省第一个集成电路设计公共服务平台，为用户提供完善的软硬件服务及孵化环境，目前已集聚博晶微电子、智腾微电子等 10 余家设计企业，以及华翔半导体等多家封装测试厂商，并引进山东第一条 6 英寸模拟晶圆芯片生产线，初步形成了从芯片设计到制造、封装、测试的集成电路产业集群的良好发展态势。目前，园区已成为国内最大的集成电路研发生产基地之一。此外，园区不遗余力地推进人才培养和引进工作，致力于培养一批高水平的集成电路人才，为企业的发展提供坚实可靠的人才基础。目前，园区已拥有一支具有较高理论水平和实践经验的人才队伍，其中有多名院士，是国内知名的集成电路技术研发中心之一。政府也出台了一系列扶持政策，以吸引更多的集成电路企业和资本进入园区，从而推动集成电路产业的蓬勃发展。

在软件服务外包业务方面，园区企业积极开展面向日本、欧美的软件研发和 IT 服务外包业务。目前，园区已经集聚一批日资软件企业，如日本软脑、创迹、宇通系统、大手海恩等，而中国本土企业如海尔软件、恒远天地、易科德等则在承接对日外包服务方面实现了跨越式的发展。园区对欧美的软件服务外包业务已经取得显著的进展，多家欧美软件服务外包企业如美国优创、加拿大赛得、瑞典拓讯、澳大利亚高登、英国斯邦等已经在青岛软件园落户，同时园区内的智洋、译通未来、圣安德等企业也在承接外包服务方面取得了长足的发展。

（二）动漫影视产业

自青岛被批准为第 6 个国家动漫创业产业基地以来，青岛动漫产业迅速崛起。青岛市和青岛软件园在政策层面上将动漫企业作为重点扶持对象。青岛市设立文化产业发展资金和服务外包扶持资金，且主要向动漫企业倾斜。青岛软件园对动漫企业给予房租上的优惠，并投资建成了山东首个"数字动漫技术支撑平台"，为动漫企业提供专业设备、技术咨询、人才培训等服务，吸引动漫企业纷纷入驻园区，四维空间、高路动画、星动创意、灵镜数码、水晶石等多家动漫企业先后入驻企业孵化器和专业工作室，并进行动漫项目创作，继而涌现出多家优秀的动漫企业和多部优秀的动漫影视作品。青岛软件园孕育了多部杰出之作，其中包括山东首部三维原创动画片《卡卡王国》，以及央视播放的动画大片《秦汉英雄传》等作品。

市南区于 2022 年 9 月发布公告，宣布将对青岛国际动漫游戏产业园进行升级改造，使其成为青岛元宇宙产业创新园。园区将以"创意·体验·融合·共享"为核心定位，着力打造集研发、孵化和展示于一体的综合性文化产业平台。"青岛国际动漫游戏产业园"这一名称已正式退出历史舞台。青岛元宇宙产业创新园将覆盖更广泛的领域，包括 VR/AR、文创、数字艺术和数字影视等，这些领域的发展将进一步推动产业创新。目前，园区已经完成对园区内各功能区域的重新布局。青岛当前正在全力打造"1+3+3+N"数字经济新业态。青岛市南软件园正在努力打造成为中国软件名园、元宇宙内容制作生态高地。

第二十三章

广东广州天河软件园

一、园区概况

1996 年 10 月，广州实行"一区多园"管理体制，将广州天河高新技术产业开发区改名为广州高新技术产业开发区，由广州科学城、天河科技园、黄花岗科技园和广州民营科技园组成。1999 年 8 月，在天河科技园的基础上成立了天河软件园，是国家首批十大重点软件产业基地之一。园区由 23 个分园组成，其中包括 1400 余家软件企业，员工人数高达 8 万人。天河软件园是一个集"国家级高新技术产业开发区""国家软件产业基地""国家火炬计划软件产业基地""国家网络游戏动漫产业发展基地""国家软件出口创新基地""中国软件欧美出口工程试点基地""中国服务外包基地城市示范区"等荣誉于一身的高新科技产业园区。

园区所在的天河区集聚了 65 所高校和科研院所，以及 41 个国家、省级重点实验室。华南理工大学、暨南大学、华南农业大学、华南师范大学等一批培养创新型人才的知名高校云集，这为天河软件园搭建起了层次分明、高端专业的创新人才结构，为园区提供了源源不断的人力资源。同时，一批国内外知名高校、科研机构陆续设立产学研创新平台、重点实验室与转化中心等机构，使园区成为华南地区产学研用资源高度集聚区域。凭借其丰富的高校资源和科技成果转化机构，天河软件园已成为面向粤港澳大湾区的软件技术和人才的重要策源地和输出地之一，为该地区的发展注入了强劲的动力。

二、重点行业发展情况

（一）大数据与云计算

园区大数据与云计算产业基础良好，具体体现在以下几个方面：一是行业应用覆盖领域广，二是具体数据分析、挖掘、应用产品提供商多，三是骨干企业研发实力强。园区已在数据安全、数据采集、数据存储与管理、数据分析与挖掘、数据运维、数据应用等产业链核心环节集聚了一批优质企业，致力于推动产业向高端化发展。南方测绘作为测绘地理信息产业龙头，业务范围涵盖测绘装备、精密监测及精准位置服务、数据工程、地理信息软件系统及智慧城市应用等方面，其测绘成图软件市场占有率超过90%。京信软件是城市大数据的服务提供商，提供大数据全生命周期管理服务，主要发展电子政务业务，主要的产品有政务数据共享交换平台、综合治税服务平台等。品高软件则提供云服务，进行基础架构开发，推动公有云与私有云的商用服务，公司拥有自主研发的 BingoCloudOS、BingoFuse、BingoInsight 等以云计算为核心的产品，可为轨道交通、电信、汽车、公安、金融、教育等细分行业客户提供专业的云计算及行业信息化服务。

（二）移动互联网

依托园区内软件和信息技术服务业的产业基础、沿海区位优势及良好的应用环境，天河软件园抓住新兴领域发展契机，充分利用网络、软件、终端、数据、人才和业务创新等关键要素，大力发展移动互联网产业，已形成龙头企业增长强劲、小微企业蓬勃涌现、创业人才不断集聚的产业局面，培育出一批知名互联网企业。网易在园区内建有集研发、总部、培训等于一体的网易游戏总部及智慧型的产业研发中心，集聚高端人才超过3000人。21CN近年来致力于移动互联网领域与云计算领域的产品研发，汇聚电信智能管道能力，为跨网络、跨终端用户提供通信、支付、定位、内容和应用等一站式移动互联网服务。UC 优视专注于移动互联网业务创新，打造了 UC 浏览器、神马搜索、阿里应用分发等移动互联网信息服务平台。

（三）人工智能

园区围绕人工智能产业链上下游关键环节积极招大引强、培大育强，鼓励企业加强在人工智能芯片、传感器、平台等核心技术方面取得研发突破，推动人工智能技术在产业和其他领域的深度应用。园区内人工智能产业已覆盖工业、通信、信息技术、交通、教育、医疗、金融和生活消费等领域，逐渐成为推动园区高质量发展的新引擎。佳都科技在人脸识别、视频结构化等人工智能技术，以及大数据分析处理、移动支付等新一代信息技术方面已达到全球领先水平。极飞科技以无人机技术应用为目的，发展出"服务+销售核心部件"的商业模式，推出全新智能农业无人机解决方案和极飞无人机植保服务。京华信息前瞻性规划和实施大型领域知识工程，研发出新一代知识引擎和京华慧眼、智慧工作台等基于知识服务核心技术的系列产品。

第二十四章

广东深圳软件园

一、园区概况

　　深圳软件园是我国重要的软件产品研发基地、软件企业孵化基地、软件产品出口基地、软件人才培养基地和国际软件技术合作基地，先后获得"国家火炬计划软件产业基地""国家软件研发/出口基地""软件企业孵化基地""中国服务外包基地城市示范区""中国软件欧美出口工程试点基地""国家集成电路产业基地""广东省软件出口基地"等称号。2020年，深圳软件园在国家火炬计划软件产业基地评价结果中位居榜首，同时还取得产业发展规模第一名、产业发展水平第一名、成长性第一名等。深圳软件园在2021年国家新型工业化产业示范基地发展质量评价中获评五星。

　　目前，按照"一核多园"的发展思路，深圳软件园结合高新区主园、前海深港分园及福田、南山、罗湖等各区特色软件园区，统一规划建设，形成以主园为核心、覆盖全市的软件产业布局，产业资源加速汇集，产业集聚效应凸显。主园坐落在深圳高新区中区（深圳市南山区科技中二路），占地27万平方米，包含产业化区、孵化区、集成电路设计村、园区服务管理区等。

二、重点行业发展情况

（一）游戏动漫

　　深圳电竞产业发展基础良好，技术优势明显，有打造"国际电竞之都"的底气和实力。目前，深圳游戏产业企业超过4000家，游戏研发运营全国领先，营收占全国的比重超过50%，占全省的比重接近70%。深圳软件园目前已进驻多家知名游戏动漫企业和机构，其中包括腾讯游戏、华强方特等国内龙头企业和上市公司，这些实力雄厚的企业和机构为园区的发展注入了新的活力。

腾讯游戏是全球领先的游戏开发和运营机构，也是国内最大的网络游戏社区，在海外游戏市场已经建立起从研发到发行的全链条布局。2022 年，腾讯游戏收入为 1707 亿元，海外收入占比约 27.5%。腾讯《胜利女神：妮姬》在推出 10 日后在全球全品类手游中按流水排名第一，上线 3 个月下载量突破 2500 万次。Sensor Tower 数据显示，该游戏上线首月收入便突破 1 亿美元大关。

华强方特作为中国文旅企业代表，打造了动漫和主题乐园两大支柱产业，自主研发、建设、运营 30 多座主题乐园，引领国产动漫产品、特种电影、主题演艺的高质量发展。华强方特 11 次入选"全国文化企业 30 强"，获得"国家文化和科技融合示范基地""国家文化出口重点企业"等荣誉。在动漫领域，华强方特原创动漫 IP"熊出没"家喻户晓，系列作品网络点击超过 3500 亿次，长期位居中国动漫指数榜首位。9 部《熊出没》系列大电影国内总票房超过 57 亿元，成为国内合家欢动画第一品牌。2023 年春节，《熊出没·伴我"熊芯"》国内票房近 15 亿元，成为内地影史春节档动画片票房第一、国产动画影史票房第三。在主题乐园领域，华强方特耗时 10 年匠心塑造了十大主题乐园品牌，"让世界更欢乐"的品牌口号深入人心，游客接待量多年位列全球五强，成功跻身国际一流文旅品牌。

（二）5G

深圳通信技术领域以华为、中兴通讯为龙头，集聚华讯方舟、海能达、天源迪科、梦网科技等一大批极具市场竞争力的优秀企业，形成了一条产品贯穿元器件、云网端和软件服务的完整的产业链条，其产业规模和研发水平在全国乃至全球都具有举足轻重的地位。华为、中兴通讯在网络建设、场景应用及终端领域占据领导地位，海思半导体、中兴微电子等在芯片领域居于领先地位，国人通信、信维通信、摩比天线、日海通讯等一批企业是器件领域的龙头企业。

通过核心技术自主研发，深圳龙头企业在 5G 标准制定、频谱研究、技术创新、产品验证等方面率先布局，在 5G 国际标准中基本专利量接近 15%。其中，华为、中兴通讯等厂商推动的极化码、大规模天线新型多址技术、车联网等均被 5G 国际标准采纳。《全球 5G 标准必要专利及标准提案研究报告（2023 年）》显示，华为 5G 标准必要专利全球排名第一。2022 年，中兴通讯的 5G CPE（无线路由器）与 5G MBB（移动宽带）全球累计出货量超过 200 万台，发货面向全球超过 100 家运营商；中兴通讯全球首款 Wi-Fi 7 标准的 5G CPE 产品 MC888 Flagship，网络下载的峰值速率达到全球最高的 10Gbps。

（三）信息安全

目前，深圳信息安全产业链已逐步完善，不仅有以华为、深信服等为代表的软硬件一体的网络信息安全综合企业，腾讯、任子行、易聆科、广道等安全服务厂商的产品和服务也日益丰富和完善，此外在大数据安全、移动安全、云安全等新兴信息安全领域也涌现出昂楷科技、爱加密、云宝安等特色企业，具有较强的增长潜力。

深信服不断加码 AI 技术，并确立了 AI First 的研发战略，开发了未知病毒检出率国内第一的 SAVE3.0 引擎、不依赖常规的检测和响应就能实现云原生应用的自我保护 NoDR 技术、预测精确度超过 90% 的 AIOPS 智能运维分析引擎等产品，荣获"2022 年度综合实力型智慧赋能名牌企业"称号。任子行是国内技术最为全面的大规模网络空间安全防护解决方案提供商，在全国拥有 30 余处分支机构，服务客户 10 余万家，是国家多部委重大网络安全工程建设骨干团队，也是国家网络安全服务支撑单位，荣获工业信息安全产业发展联盟"2022 年度优秀成员单位"荣誉称号。竹云科技专注于 IAM（身份管理与访问控制）及云应用安全领域，是国内率先将 IAM 理念和方案技术产品推行落地中国的国家高新技术企业，其竹云 IDaaS 已帮助全球 2500 余家企业构建了标准化的用户身份体系，每月支持 4000 多万用户安全登录数万系统，荣获"2022 中国零信任神兽方阵-科技标杆企业"称号。

第二十五章

福建厦门软件园

一、园区概况

厦门软件园创建于 1998 年 9 月，按照国家级软件园规模设计，规划占地约 11 平方千米，是全国最大的软件园之一，是厦门软件和信息服务产业发展的核心载体，是国家首批数字服务出口基地、中国服务外包产业集聚园区。厦门软件园连续多年排名全国前十，入选国家火炬计划软件产业基地、国家数字服务出口基地，获评全国首家软件开发国家引进外国智力示范单位、国家小型微型企业创业创新示范基地、国家级优秀科技企业孵化器、中国领军智慧园区、省级数字经济示范园区等荣誉，有效助力厦门软件特色名城建设。

厦门软件园目前已实现"千亿园区"目标，形成"大数据人工智能、数字创意、电子商务、智慧城市与行业应用、移动互联"五大行业细分领域齐头并进的产业格局。截至 2022 年底，软件园园区工商注册企业数超万家，在多个细分领域培育了美亚柏科、咪咕动漫、亿联网络等企业，吸引华为开发者创新中心、腾讯优图 AI、赛意、算能、麒麟软件、恒业影视等高能级项目入驻园区。创新载体方面，厦门软件园拥有国家级众创空间 20 家，省级以上双创示范基地 4 家，省级新型研发机构 9 家，企业技术中心 15 家，工程技术研究中心 19 家。园区在本地建立专业孵化器，在台湾地区设立离岸孵化器，加强海峡两岸的沟通、联系。

厦门软件园一期兴建于 1998 年，占地 9.9 公顷，毗邻厦门大学，园区拥有完善的硬件和商务配套设施，目前存续企业超过 1600 家，代表企业有美亚柏科、华为技术、腾讯科技、今日头条、四三九九、美图、美柚、瑞为技术等。

厦门软件园二期建成于 2007 年，占地 102.8 公顷。目前有 2279 家企业，主要为软件开发及动漫游戏等行业，6.7 万名员工入驻。园区临近厦门国际会展中心，划分为 4 个功能区：动漫游区、IC 设计和软件研发区、嵌入式软件和增值服务区、配套服务区。这里是"国家新型工业化产业示范基地""国家动画产业基地""国家软件与集成电路人才国际培训基地"。

厦门软件园三期已建成交付研发楼和公寓楼面积为 400 万平方米，在建面积为 200 万平方米。现在累计注册企业 6800 家，入驻员工 5.3 万人。已形成五大细分行业领域，包括大数据人工智能、数字创意、电子商务、智慧城市与行业应用、移动互联，五大行业细分领域相关行业企业占园区企业的 80%以上。

二、重点行业发展情况

（一）动漫游戏

厦门软件园作为城市动漫游戏和新媒体产业的重要新兴产业集聚地，影响力日益扩大，企业的研发创新能力不断提高，新媒体业务快速发展。园区先后荣获"国家动画产业基地""文化部国家级文化产业实验园区""海峡国家数字出版产业基地""福建省创意产业重点园区"等称号，并且园区还汇集了咪咕动漫、飞鱼科技、4399 游家网络、吉比特等一批业内知名的动漫企业，形成园区别具特色的动漫游戏产业优势。

目前，厦门游戏产业正着力从研发制作向发行运营拓展。例如，吉比特、咪咕动漫等龙头企业搭建发行运营平台，带动本地企业共同发展。同时，持续加强与腾讯等头部企业合作，发力电竞职业赛事和活动，连接"互联网+体育"，推动"电竞+旅游""电竞+文旅"等跨界合作。同时，在"元宇宙"浪潮下，厦门一些动漫游戏企业加速布局新赛道，打开发展新空间。例如，作为国内最大的 VR 社交游戏平台，厦门火炬高技术产业开发区（简称厦门火炬高新区）企业造梦科技主打的产品《梦境世界》已成为国内玩家数最多的 VR 社交游戏之一。

（二）人工智能

作为"中国软件特色名城"，厦门人工智能产业蓬勃发展，已集聚人工智能相关企业近 200 家。其中，厦门软件园的产业涵盖了从芯片端到算法端再到应用端的各个环节，园内汇聚了一批业内领先的企业，如美亚柏科、网宿科技、南讯软件、雅迅网络、绿网天下、汇医慧影、英视睿达、农信互联等，为人工智能的研究和发展提供了强有力的支持。

2022 年，美亚柏科入选"2022 中国大数据企业 50 强""2022 中国软件 150 强""中国网络安全企业 100 强"等 30 多个涵盖大数据、网络安全、智慧城市等领域的行业榜单。厦门黑镜科技有限公司荣获"2022 元宇宙产业应用与先锋技术潜力企业"和"2022 元宇宙产业应用与先锋技术潜力企业"。渊亭科技凭借在人工智能技术研发、落地实践应用与 AI 标准共建等方面做出的积极贡献，获得 AIIA 人工智能关键技术和应用评测重点实验室颁发的"2022 年突出贡献企业"荣誉称号。北京云知声的全资子公司云知芯投资设立了深度学习智能工程研究院、人工智能众创空间、人工智能产业基金、人工智能超算中心及 AI 芯片研发基地。纵目科技（上海）股份有限公司建立了一个传感器研发中心，计划于 2023 年推出 L4 级自主代客泊车产品。

目前，厦门正依托厦门软件园三期，布局数据服务、信息安全、智能安防、生活服务等应用领域，建设人工智能产业园，打造人工智能技术发源地、创新型企业集聚地和人工智能科技成果转化引领区。

（三）移动互联网

厦门软件园秉承"推动产业发展，信息服务民生"的企业使命，形成"科技园区服务运营、信息化产品服务运营、信息产业资本资产运营"为核心的三大业务板块，致力于信息化产品的研发、应用和推广。牢抓新兴技术领域发展契机，依靠产业园集聚效应、软件和信息技术服务业基础、沿海区位优势及良好的应用环境，大力发展移动互联网产业，已形成龙头企业增长强劲、小微企业蓬勃涌现、创业人才不断集聚的产业局面，培育出一批知名互联网企业。美图、美柚、同步推、云朵等成长为各自细分领域的明星企业。

2022 年，美图月活跃用户达 2.43 亿人，拥有超过 560 万名 VIP 会员，荣获 2022 数实融合年度优秀企业，旗下产品美图云修荣获 2022 数实融合实践优秀案例。美柚推出的社交平台是全国最大的女性健康社区之一，日活跃用户超千万人，拥有上百个高活跃女性话题圈，日均浏览量超过 1.6 亿次。快快网络入选《2022—2023DDOS 领域优秀安全厂商》，斩获"2022 云安全行业领先品牌"大奖，旗下自主研发的游戏盾解决方案荣获"2022 云安全优秀产品"。

企 业 篇

第二十六章

基础软件企业

一、统信软件

（一）发展情况

统信软件技术有限公司（简称统信软件）于 2019 年成立，注册资金约 6.27 亿元，现有员工 2000 多人。总部设立在北京经开区国家信创园，在全国共设立了 6 个研发中心、7 大区域服务中心与 3 地生态适配认证中心，技术服务能力辐射全国。统信软件坚持自主研发，打造以操作系统为核心的产品体系，全面覆盖终端操作系统（桌面操作系统、智能终端操作系统）、服务器与云计算操作系统（服务器操作系统、云原生操作系统）的应用场景，满足不同用户和应用场景对操作系统产品的广泛需求，可为实现政企行业信息化和加强数字经济建设提供坚实可信的基础支撑，牢筑信息安全基座。在市场销售方面，仅 2022 年桌面操作系统出货量超过 100 万套，服务器操作系统出货量超过 4 万套。截至 2022 年底，统信软件桌面操作系统装机量已突破 500 万套，并持续保持市场占有率第一名；在服务器端通用新增市场销售额占比近 30%，增速为行业第一名。

在金融领域，统信软件已全面进入银行、保险和证券等行业，服务超过 700 家金融机构；在电信领域，统信软件已全面进入移动、联通、电信三大运营商的各个业务板块；在电力领域，统信软件持续服务国家电网、南方电网等众多龙头企业，深入业务系统场景；在交通领域，统信软件的操作系统已在铁路、民航等细分领域得到应用，并成为首个入驻中国铁路客票系统的自主操作系统；在教育领域，统信软件已落地应用超过 30 个省市区域的 1000

多所学校，如衡水中学正基于统信 UOS 打造高质量教育新生态。

统信软件创新性地提出操作系统"分层分类"理论，结合大型软件整体架构设计理念，推进操作系统的协作开发，为下一代开源操作系统的开发奠定坚实的理论与技术基础。此外，统信软件推出自研通用编程语言——Unilang，从最底层的根技术出发，全方位引领行业发展；发布自研开源软件包格式"玲珑"，致力于解决 Linux 系统下传统软件包格式依赖关系复杂导致的各种兼容性问题。

（二）发展策略

强化开源治理与社区回馈。统信软件始终拥抱开源、贡献开源，深度参与开放原子开源基金会的 OpenHarmony、OpenEuler 和 OpenAnolis 等项目，并在社区贡献度位居前列。同时，统信软件还加入开放原子开源基金会并成为白金捐赠人。2022 年 5 月，统信软件宣布以深度（Deepin）社区为基础，建立国内首个立足中国、面向全球的桌面操作系统根社区。这也是统信软件第二次向上游技术社区的发展探索。

打造操作系统产业生态。统信软件是国内首个 UOS 软硬件兼容适配组合数量超过 100 万个的操作系统厂商，UOS 生态也已成为国内最大的自主操作系统生态圈之一，并不断突破生态系统建设的"临界规模"。为进一步引导产业生态规范化建设，统信软件推出了 UAPP、UQHL 等自身产品标准，并参与了 30 多个国标及行标的制定。统信软件针对某些行业关键应用缺乏支持国产操作系统的问题，积极与大型企业共建行业适配中心，最大限度降低因系统替换对企业业务和生产环节产生的影响。

完善人才培养与服务保障体系建设。2022 年，统信软件建立信创服务以支持统一标准建设，并联合地方政府打造了集约化信创服务保障平台，汇聚了上下游厂商形成协同、联动服务，解决了信创服务支持分散且缺乏统一标准的难题，保障和落实了真替真用。针对信创软件人才紧缺尤其是在关键软硬件研发、迁移适配技术等专业方面，统信软件联合地方政府和生态厂商共同打造信创软件人才教育培养中心，完善信创软件教育体系，保障了信创软件人才输出。

二、人大金仓

（一）发展情况

北京人大金仓信息技术股份有限公司（简称人大金仓）成立于 1999 年，源起于中国人民大学，现隶属于中国电子科技集团有限公司，是我国最早成立的具有自主知识产权的数据库产品与服务提供商。公司总部位于北京，在上海、成都、天津、青岛、福州、西安六地设有研发和服务中心。公司累计申请受理及获得发明专利授权共计 200 多项，专利技术涉及数据存储、分区、加密、访问控制等多项重点技术。人大金仓还主持修订了我国数据库行业国家标准、信创数据库标准，参与并制订了各类国家标准、行业标准及技术规范数十项。

人大金仓构建了完备的数据库核心及配套生态使用工具产品体系，其中作为核心产品的八大金仓数据库管理系统（KES）是在国内广泛应用的国产数据库知名品牌，KES 全面兼容国内外主流芯片和操作系统。产品广泛应用于电子政务、军工、电力、金融、电信、教育及交通等 60 多个行业，累计完成装机部署超过百万套，产品遍布全国近 3000 个县市，有力地保障了近万个国家重要信息系统、关键基础设施的稳定运行。2021—2022 年，公司在国产数据库关键应用领域的销售套数稳居行业第一名，在石油石化行业的市场销售量居国内第一名。

（二）发展策略

持续推动产品技术创新。在技术研究方面，人大金仓积极对标国外主流数据库的核心能力指标，补齐自身短板；重点探索下一代数据库前沿技术，抢占产业未来的制高点。经过多年的研发积累，核心产品 KES 的自主代码率已大于 99.9%，实现了每一行代码皆可掌控。2022 年，人大金仓推出了核心产品的全新升级版本 KES V9 及数据库一体机——KingbaseXData，增强了共享存储应用集群的能力，填补了人大金仓在软硬件一体产品上的空白，并在第五届数字中国建设峰会新品发布环节首发，为国产数据库走向更多关键领域带来新契机。

不断加快市场拓展。2022 年，在持续保持党政行业优势地位的基础上，人大金仓实现了在能源、金融、法院、轨交、医疗等多行业的深化应用落地，尤其在法院行业成为了头部标杆和区域标杆，赋能各行业用户的数字化转型升级。未来，人大金仓将继续深入耕耘能源、金融、电信、医疗、交通、教育等市场容量巨大的行业目标市场。

多维度推进生态建设。公司始终坚持与上下游生态伙伴在市场上携手互联，在产品上深度融合，2022 年，累计已与 1600 多家企业完成了超过 5600 款的产品适配。在技术培训和认证方面，公司成功举办线上线下培训会，累计人数超 10000 人次；在人才培养方面，人大金仓作为业界首家发起数据库内核人才培养"核"计划的公司，与中国人民大学、山东大学、北京科技大学等众多高校联合打造以国产数据库为核心的专业课程体系，建立实训基地，从源头培养数据库高层次专业人才。

三、金篆信科

（一）发展情况

金篆信科有限责任公司（简称金篆信科）是在 2021 年由中兴通讯股份有限公司为拓展金融级分布式数据库（GoldenDB）产品而成立的控股子公司，公司致力于打造国产数据库第一品牌，并与国内产业链上下游产业伙伴共同打造全栈生态，成为我国高科技产业发展的标杆。

金篆信科目前团队规模超 500 人，专利申请量超 200 件。金篆信科的GoldenDB 历经团队 20 多年的研发积累、8 年的金融行业锤炼，在团队始终坚持自主研发，核心代码 100%自主掌握的模式下，现已成为业界唯一具备国有大行、股份制银行、头部券商及运营商行业核心业务改造实践的国产分布式数据库。GoldenDB 在金融行业的案例已覆盖国有大行、股份制行、农信联社、城商行、农商行全系列银行，交易所，券商和保险机构。公司现阶段主要聚焦于金融、运营商等重点行业，打造强一致、高可靠、高可用、高性能的分布式数据库产品。目前产品已经完成在包括国有大行、股份制银行、头部券商和保险、中国移动等 40 多家重要客户的核心业务中投产，初步建立了重点行业核心数据库的领先格局和地位，连续 2 年位居《中国金融级分布式数据库市场报告》第一名。

（二）发展策略

持续加快新品突破。2022 年，金篆信科重磅发布 GoldenDB v7.0 年度新版本，在 HTAP、云原生、工具及语法兼容性方面持续创新和突破，支持银行、运营商在"双 11"与计费等核心场景的海量数据的高并发处理，满足吞吐及响应要求。

积极推进市场拓展。2022 年，金篆信科先后中标中国银行、光大银行、中信银行、民生银行、恒丰银行、广东省农村信用社联合社、江苏省农村信用社联合社、安徽省农村信用社联合社、网联清算、南京银行、广州银行、贵州银行、齐鲁银行、徽商银行、深圳农商行、深圳证券交易所、华泰证券、山西证券、紫金保险等项目，实现项目落地及扩容。同时，还以第一份额先后中标中国移动信息技术有限公司的"2022—2023 年分布式 OLTP 数据库及工具框架采购项目"及中国联通软件研究院的"应用安全信创数据库购置项目（OLTP 分布式信创数据库）"。广发银行信用卡核心业务、国泰君安新一代低延时核心交易系统、建设银行对私核心业务系统及云南移动、河北移动等多个项目也相继投产。

致力于应用生态完善。2022 年，金篆信科积极参与行业标准及产业生态的共建，在工业和信息化部与人民银行的指导下，GoldenDB 已完成 9 项行业标准、8 项课题及白皮书、7 项行业测试规范。在产业维度方面，GoldenDB 已与上百家企业的上下游主流软硬件产品完成适配认证，并以全栈国产方案在多个项目实现投产及稳定运行，拉动产业发展。未来，金篆信科计划进一步拓展其他行业，如交通、能源等，强化产品的通用性、易用性等，进一步构建、完善生态，并通过直销、代理、渠道等多种方式，把 GoldenDB 数据库打造成全行业通用的商业数据库，覆盖所有主要的行业。

积极与平台企业开展合作。金篆信科与华为在基于鲲鹏处理器的泰山服务器上进行了深入合作。金篆科技研发团队与欧拉开源操作系统（openEuler）团队密切配合，完成了深度服务器操作系统的适配、移植和优化工作，并基于鲲鹏平台发布了三款操作系统产品。在生态建设上，金篆科技与华为一道，正积极构建 openEuler 社区与鲲鹏生态，并主动承接了鲲鹏平台操作系统的商业应用和商业技术服务。

四、阿里云龙蜥 OS

（一）发展情况

阿里云计算有限公司（简称阿里云），是阿里巴巴集团旗下公司，注册于 2008 年 4 月，组建团队并决定自主研发飞天云计算平台。阿里云 12 年矢志不移地打磨服务器操作系统对云的全球竞争力，经历内部替代自用、服务外部客户、开源共建三大里程碑阶段，如今正踏在龙蜥根社区建设征程上。龙蜥社区（OpenAnolis）成立于 2020 年 9 月，立足于云计算，打造数字创新基石，聚拢产业生态力量，共创数字化发展开源新基建。作为面向国际的 Linux 服务器操作系统开源根社区及创新平台，龙蜥生态汇聚了超过 300 家操作系统产业链上下游企业，持续推动软、硬件及应用生态繁荣发展。秉承平等、开放、协作、创新的原则，龙蜥社区理事会由阿里云、浪潮信息、统信软件、中兴通讯、龙芯、Arm、英特尔等 24 家国内外头部企业共同组成，这些企业代表了当下行业在软硬件方面的一流水平。当前龙蜥操作系统（Anolis OS）装机量超过 300 万台，阿里云、统信软件、浪潮信息、移动云、麒麟软件、凝思软件等十多家企业基于 Anolis OS 发布了商业衍生版，累计服务了政府、金融、能源、通信、交通等多个领域的 30 多万名用户。

（二）发展策略

面向前沿需求加强技术创新突破。全球云计算和 AI 大模型竞赛对操作系统提出了更高要求，龙蜥社区进行了布局和覆盖。例如，大规模复杂场景稳定可靠运行，支撑百万级服务器集群和分布式架构，操作系统需要满足复杂场景下高质量、稳定性与可靠性要求；软硬一体协同突破创新，围绕云场景自研芯片、硬件、软件，新场景给系统带来创新机会，连接软硬件上下游协同突破创新；核心技术创新发展与突破，促进产业供给端、消费端自主发展和国内外双循环，操作系统需要实现关键技术突破和服务千行百业。

加快根社区布局与建设。龙蜥根社区布局建设由"上中下游"三层纵深架构构成，其中，中游解决软件供应链安全、生态安全、安全更新问题，为 Linux 商业操作系统发行版提供根生态源头保障；上游做好原生开源项目的创新孵化，吸纳优质开源贡献，打通国内外双循环，并利用龙蜥社区理事单位在多样性开源项目建设上取得的领先成果，持续提升国际影响力和话语权建设；下游保障商业发行版落地，形成商业价值和场景建设闭环。龙蜥打通了整套体系建设实践，形成了完整、体系化根社区布局，创新了协同办公体验。

持续推动产业生态完善。龙蜥坚持软硬件协同开放创新，通过技术革新创造更大、可成长、差异化的国产操作系统发展空间，该空间具备三大特征：

一是硬件兼收并蓄，可容纳国内主流芯片厂商；二是软件生态多样，鼓励和孵化原创的开源项目；三是坚持软硬件融合一体化发展，抢占云计算竞争赛道，发掘新的颠覆性创新机会。在商业协同拓展上，龙蜥社区推出了生态发展计划——"龙腾计划"，鼓励合作伙伴在社区探索出更多的合作模式，聚焦产品和商业合作本身，牵引企业真正在社区落地，让龙蜥的生态和社区发展迈上新台阶。龙蜥也将结合 300 多家来自芯片厂商、软件厂商、整机厂商、操作系统厂商等操作系统全产业链的合作伙伴，打造符合我国应用环境与业务场景的生态系统，共建未来应用。

不断强化操作系统人才培养。为了让整个产业实现快速、健康、持续发展，在技术与生态之外，龙蜥社区尤为注重人才培养。为此，龙蜥社区打造了龙蜥实验室、龙蜥高校行和"人人都可以参与开源"三大板块。其中，龙蜥实验室通过在线实操的方式，让开发者只需通过单击鼠标即可得到一个免费的龙蜥操作系统环境，平台还配备了基础体验教程，涵盖多个操作系统技术领域，有助于初学者了解龙蜥操作系统的开发和使用方法。2022 年，龙蜥高校行为多所高校师生带去技术分享与交流，并参与了中国科学院开源之夏、阿里巴巴编程之夏等夏令营活动，申报了教育部产学合作协同育人项目并设立了操作系统课程建设项目，积极参与全国大学生操作系统设计赛、"互联网+"大学生创新创业大赛等大型赛事，在学术研究、课程合作、赛事赞助等多方面与高校实现了密切合作。

第二十七章

工业软件企业

一、中望软件

（一）发展情况

广州中望龙腾科技发展有限公司（简称中望）成立于 1998 年，是我国 CAx 工业软件龙头企业，于 2021 年 3 月上市，成为我国首家三维 CAD 软件上市企业。历经 20 多年发展，中望深耕 CAD 设计仿真领域，从最初以二维 CAD 产品为主，通过收购美国 VX 公司三维集合内核等知识产权和研发团队，逐步向三维 CAD/CAM 软件领域迈进。2018 年，中望成立 CAE 研发中心，2019 年推出首款三维电磁仿真软件 ZWSim-EM，正式进军 CAE 仿真领域。近几年，中望持续扩大三维 CAD 在智能制造、建筑模型、流程工厂领域的模型开发，又积极开拓高端制造领域中的 CAE 分类，打开公司在设计仿真工业软件领域的知名度，打破国外大型工业软件的垄断局面。

经过长期的技术深耕和市场开拓，中望软件实现了发展路线清晰、产品线稳定，形成了以 CAD/CAM/CAE 为主的产品矩阵，2021 年营收就达到 6.19 亿元，比 2017 年增长近 4 倍。借助资本市场的支持，中望将持续对内加强共性基础技术创新突破，通过对外兼并重组壮大企业规模，完善产品功能，致力成为中国领先、世界一流的工业软件开发商。

（二）发展策略

深耕工业设计软件，专注核心技术创新突破。中望软件是国内少有的长期坚持自主研发创新的研发企业，完整掌握二、三维 CAD 几何内核技术，重点布局电磁仿真领域，同时也是我国掌握 CAD 核心技术的少数企业，拥有发明专利 3 项，计算机软件著作权近 180 项，作品著作权 3 项。早期，中望以"性价比"为主要特点，在国内设计类工业软件市场占据一席之地，通过不断加大自主创新和研发力度，其三维几何内核解决了我国 CAD 领域的难题，摆脱了产品低端化困境，打破了国外大型工业软件企业垄断高端市场的局面。此外，中望软件的三维混合建模内核实现了完全商业化，解决了我国工业软件产学研脱节的问题。

以开放姿态融入全球，打造创新生态。中望在开拓中国市场的同时，也积极探索国外市场，推动中国工业软件产品走出去。在国内市场，中望主要服务大型央企等客户群体，包括中国中车集团有限公司、中国船舶集团有限公司、国家电网有限公司、中国南方电网有限责任公司、中国建筑集团有限公司。其中，中望和中国船舶集团有限公司进行源代码级的深度合作，这是通用性三维 CAD 软件在具体行业定制开发的经典案例。在国外市场，中望向全球近 150 家世界 500 强公司提供二维 CAD 软件产品，用户包括大众、丰田、本田等国际知名企业。此外，中望还与国内外众多高校、科研院所及产业链上下游企业协作，联合各方力量，建立合作关系，共同打造可持续的工业软件生态体系。

二、和利时

（一）发展情况

和利时自动化科技有限公司（简称和利时）是一家中国领先的工业自动化系统和解决方案提供商，成立于 1993 年，总部设立在北京，在全球多地建有研发、生产或服务基地。和利时前身为电子工业部第六研究所，2008 年 8 月在美国上市，核心业务集中在分布式控制系统（DCS），凭借其在高铁、核电等领域的优势，业务逐渐覆盖轨道交通、医药健康等流程性和离散型制造领域。在 DCS 市场，和利时已经成为能够与外资品牌相抗衡的国产品牌，并在一些关键行业中形成一定的替代效应。

（二）发展策略

聚焦工业控制细分应用领域。和利时从成立之初就专注于工业自动控制系统，聚焦工业、轨道交通和医疗自动化三大领域，在火电、核电、石油石化等关键领域占据领先地位，为大型工业企业提供 DCS、SIS、APC、OTS 等自主产品。在高端大型火力发电自动化方面，提供替代的国产化、一体化控制系统；在核电方面，其数字化仪控系统也可实现核电系统的全面自主化，并出口巴基斯坦。和利时专注于工业控制细分领域，研发、创造了中国第一套实用分布式控制系统（DCS）、第一套国际安全认证的安全仪表系统（SIS）、中国第一套大型可编程逻辑控制系统（PLC）等。历时多年发展，和利时拥有自主产品开发专利及软件著作 200 多项，主持并参与多项国家标准制订，和利时正逐渐成长为自动化行业的引领者。但是，相比于西门子等工控领域的巨头，其数字化工厂的整体解决方案还有较大的提升空间。

三、中控技术

（一）发展情况

浙江中控技术有限公司（简称中控技术）成立于 1999 年，是国内自动化控制系统的龙头企业。成立初期，中控技术主要服务中小型项目，为其提供集散控制系统；发展中期，中控技术集中技术创新，突破各类大中型项目自动化控制系统技术难点，软硬件产品覆盖现场仪表、安全栅、控制阀、先进控制等系统；现阶段中控技术积极打磨智能制造解决方案，结合安全仪表系统、混合控制系统等为自动化企业实现智能工厂和智能制造数字化转型提供解决方案。

（二）发展策略

精耕工业控制系统软件。中控技术主要的工业软件产品包括分布式控制系统（DCS）、安全仪表系统（SIS）、混合控制系统、制造执行系统（MES）、仿真培训软件（OTS）等，是当之无愧的控制系统工业软件龙头。中控技术侧重于研发控制系统软件，其中，中控技术在 DCS 国内市场处于首位，在 SIS 国内市场占有率中处于第二位。

打造工业自动化平台。近年来，中控技术正在从基于软件集成的智能制造解决方案提供商，向工业 4.0 的工业自动化平台转变。向上拓展产品功能，为客户提供智能制造一体化解决方案，向下打通底层硬件，发展仪器仪表等设施，全力提升智能制造整体解决方案交付的能力。此外，中控技术还积极布局工业 4.0 平台建设，启动自动化管家 5S 一站式服务平台建设项目，丰富企业的产品线。

第二十八章

信息技术服务企业

一、中软国际

（一）总体发展情况

中软国际是行业领先的全球化软件与信息技术服务企业之一，与华为等战略伙伴合作构建互联网信息技术服务平台，旨在引领技术变革，提升产业效率，致力于服务制造企业转型升级，为政企客户提供"多快好省"的信息技术服务。其业务已覆盖银行、保险、证券、政府、制造、电信、高科技、交通和能源等多个行业。2022年，中软国际业务收入快速增长，达到200.05亿元，同比增长8.7%，其中，云智能业务收入达66.18亿元，同比增长24.7%，如表28-1所示。

表 28-1　中软国际 2018—2022 年营业收入及净利润情况

年　　度	营业收入情况		净利润情况	
	营业收入 /亿元	增长率 /%	净利润 /亿元	增长率 /%
2018 年	105.9	14.5	7.2	27.6
2019 年	120.4	13.7	7.6	5.6
2020 年	141.0	17.1	9.6	26.3
2021 年	183.98	31	11.37	20.0
2022 年	200.05	8.7	7.59	−33.2

数据来源：中软国际财报。

（二）发展策略

积极拥抱开源鸿蒙生态。中软国际聚焦先进技术，持续推进多个开源鸿蒙终端产品及解决方案的商业化落地，已拥有 12 款通过 OpenHarmony XTS 认证的可销售产品，落地超 200 个鸿蒙化产品解决方案，向开放原子基金会开元鸿蒙社区贡献代码超 120 万行。此外，中软国际联合北京理工大学、深圳开鸿数字产业发展有限公司等共建新创学院和"鸿蒙重点实验室"，首创研究生课程《开源鸿蒙操作系统实践》，联合出版著作《OpenHarmony 操作系统》，推动将 OpenHarmony 开源操作系统的底层原理、系统架构和应用开发融入高校教材体系的进程。

持续拓展云服务和云解决方案。中软国际持续深化与华为云的合作，全面深入参与华为云 Go Cloud 及 Grow Cloud 两大发展框架，成为华为云首批通过 CTSP 认证的服务伙伴，与华为云联合运营 14 个创新中心，在第三方产业云运行模式中排名第一。此外，中软国际通过软件工具链、低代码平台、AI 模型等深入行业 aPaaS，加速向云原生现代化、数据仓库等领域布局，天翼云业务成功入围中国电信集团级 MSP 合作伙伴，混合云 CloudEasy 全栈云服务平台产品持续升级并完善云原生自研工具链。同时，中软国际还加速海外混合云市场拓展，推动亚太、港澳、中东市场的扩增。

聚焦央企、国企战略客户精益运营。中软国际紧抓大客户数字化转型和行业信创契机，探索打造与大型央企、国企和行业龙头企业的战略合作新模式，持续拓展数字化转型服务生态；加速布局央企、国企的关键战略市场，成功开拓中石油、中石化、国家电网、中电建、中核等千亿元规模的央企、国企客户；继续加强与中国移动、中国电信、中国联通三大运营商的合作，新签中国移动系统数十个智慧城市、园区、社区、工厂等项目；持续深耕互联网行业，进一步强化与腾讯、阿里、百度等大客户的合作，并不断拓展美团、京东、小米等知名互联网公司市场。

二、神州数码

（一）总体发展情况

神州数码是国内优秀的云服务及数字化转型服务提供商之一，其始终坚持自主创新核心技术，围绕企业数字化转型的关键要素，开创性地提出"数云融合"战略和技术体系框架，着力提升在云原生、数字原生、数云融合关键技术和信创架构产品方面的服务能力，为处在不同数字化转型阶段的零售、汽车、金融、医疗、政企、教育、运营商等行业的客户提供泛在的敏捷 IT 能力和融合的数据驱动能力，构建跨界融合创新的数字业务场景和新业务模式。2022 年，神州数码实现营业收入 1158.8 亿元，同比下降 5.32%，如表 28-2 所示。其中，云计算及数字化转型业务实现营业收入 50.23 亿元，同比增长 29.3%；云管理服务（MSP）营业收入为 5.18 亿元，同比增长 50.6%；数字化转型解决方案（ISV）营业收入为 1.45 亿元，同比增长 40.9%；自主品牌业务实现营业收入 25.70 亿元，同比增长 55.8%。

表 28-2　神州数码 2018—2022 年营业收入及净利润情况

年　　度	营业收入情况		净利润情况	
	营业收入/亿元	增长率/%	净利润/亿元	增长率/%
2018 年	818.6	31.6	5.1	−29.2
2019 年	868.0	6.0	7.0	36.9
2020 年	920.6	6.1	6.2	−11.0
2021 年	1223.9	32.9	2.4	−61.9
2022 年	1158.8	−5.32	10.0	303.1

数据来源：神州数码财报。

（二）发展策略

助力数字原生企业云上发展。2022 年，神州数码积极拥抱云原生、数字原生所带来的颠覆式新技术，创新发布"数云融合"战略。其通过搭建基于数云融合新技术范式的自主技术体系，依托"神州数码通明湖云和信创研究院"的技术力量，展开"数云融合"关键技术的攻关，助力不同数字化转型阶段的汽车、金融、快消、零售等行业客户提升云的敏捷能力和数据驱动能力。神州数码基于自身全栈服务能力为客户提供云原生架构的 MSP 升级服务，最大化利用云原生的技术优势，帮助客户实现运维流程的简化、资源的智能调度及成本控制等目标，"神州云云角 MSP+服务"业务已在医药、汽车、零售等行业得到成功实践。

积极布局网络安全、数据安全市场。2022 年，神州数码以网络安全、数据安全为核心的安全产业作为重要着力点之一，持续加大研发投入，推动自身安全产品、技术升级，同时积极运用资本方式完善能力布局，致力于打造全生命周期的网络安全、数据安全产品及解决方案，以更好赋能企业数字化转型和产业升级。在数据安全方面，神州数码在自研产品"TDMP 数据脱敏平台"的基础上升级推出了数据安全管控平台，通过集结数据脱敏、数据库审计、数据分类分级管理、数据安全共享等多个业务子系统的框架满足多样性的客户场景需求。2022 年，TDMP 数据脱敏平台已上线阿里云生态集成认证中心，成为了首批数据脱敏类产品，数据安全管控平台获得了"2022 中国数字化转型与创新评选——年度安全创新产品"奖。

三、东软集团

（一）总体发展情况

东软集团是行业领先的全球化信息技术、产品和解决方案公司。东软集团始终坚持以软件技术为核心，重点发展医疗健康、社会保障、智能汽车互联、智慧云城市、企业互联等领域。其在云计算、大数据、物联网、人工智能、区块链等新技术的应用方面不断取得突破性成就。2022 年度，东软集团收入达 94.7 亿元，同比增长 8.4%，如表 28-3 所示。东软自主软件、产品及服务业务实现收入 80.52 亿元，占公司营业收入的 85.06%；系统集成业务实现收入 12.38 亿元，占公司营业收入的 13.08%。

表 28-3 东软集团 2018－2022 年营业收入及净利润情况

年　　度	营业收入情况		净利润情况	
	营业收入/亿元	增长率/%	净利润/亿元	增长率/%
2018 年	71.7	0.6	1.1	-89.6
2019 年	83.7	16.7	0.4	-66.2
2020 年	76.2	-8.9	1.3	252.8
2021 年	87.4	14.6	11.7	794.4
2022 年	94.7	8.4	-3.4	-129.2

数据来源：东软集团财报。

四、发展策略

加速数字经济布局，持续开拓新型智慧城市业务。东软集团持续推动信息技术与城市发展的深度融合，建设以数据要素为核心的新型智慧城市，通过云计算、大数据、5G、人工智能等新一代信息技术的全栈融合，构建端到端的算力基础设施。此外，东软集团积极推进与金融机构、运营商的协同合作以实现优势互补，围绕智慧城市业务构建发展生态圈。2022 年，东软集团正式开启了"中心、平台、生态"协同发展的数字经济新模式，推动以数据要素价值化为核心的地区数字经济创新行动。其围绕医疗健康领域，与锦州、沈阳市政府分别联合组建了数据公司，将新一代信息技术与平台相连接，在释放健康医疗数据和人力资源服务要素价值的同时，积极推动当地健康医疗和数字经济下人力资源的发展，同时积极推动与河北、山东等省在新一轮数字经济布局中的合作。

积极融入开源建设，构建底层共性技术合作生态群。东软集团顺应信息技术开源发展趋势，积极融入开源生态，建设开源 CoE，通过内源模式打造面向未来的共性技术平台，同时，积极参与标准化组织，融入客户、行业生态。2022 年，公司加入了 4 个开源标准组织，参与了 5 个重要开源社区的工作，与 3 个行业的重要合作伙伴成立了联合实验室。此外，东软集团与国内众多优秀软硬件厂商建立了深入合作关系，围绕软件国产化在关键技术领域构建有竞争力的技术合作生态群。例如，作为运营商算力网络的支撑者，东软集团与运营商共同打造以 5G、算力网络、智慧中台为重点的新型信息基础设施，协同运营商开展相关技术研发与落地实践，共建产业生态。

第二十九章

嵌入式软件企业

一、华为

（一）发展情况

华为技术有限公司（简称华为），成立于 1987 年，是 ICT 基础设施与智能终端提供商，拥有 20.7 万名员工，业务遍及 170 多个国家及地区，服务覆盖全球 30 亿人口。华为 2022 年年度报告显示，华为 2022 年年销售收入为6423.38 亿元，同比增长 0.9%，整体经营情况符合预期。从主要客户分类看，运营商业务收入为 2839.78 亿元，同比增长 0.9%，与整体营收增速持平；消费者业务收入为 2144.63 亿元，同比下降 11.9%；企业业务收入为 1331.51亿元，同比增长 30.0%。从主要业务分类看，ICT 基础设施业务收入最多，为 3539.78 亿元，其次为终端业务收入，为 214463 亿元。另外，云计算业务收入为 453.42 亿元，数字能源业务收入为 508.06 亿元，智能汽车解决方案业务收入为 20.77 亿元。2022 年，研发费用支出约为 1615 亿元，在全年收入中占比为 25.1%，近十年华为累计投入的研发费用超过 9773 亿元。

（二）发展策略

华为致力于把数字世界带入每个人、每个家庭、每个组织，构建万物互联的智能世界。

连接领域持续创新。华为先后推出了 5G、极简站点、全融合云原生 5GC、最佳性能 Wi-Fi 6、智能无损数据中心网络、全光交换 OXC、智能 ONT、绿色数据中心等领先的产品与解决方案，并积极与产业界共同定义连接产业的

5.5G，持续助力产业发展。同时，华为引入 AI 技术实现了网络的超自动化运维管理，引入新的算法并逐步实现了确定性 IP 网络，更好地满足了工业场景下的连接需求。

智能领域深入探索。华为在数据存储、多样性计算和云服务上持续创新，实现无所不及的智能。在数据存储领域，华为推出融合、智能、开放的数据基础设施，打破存储与数据库、大数据的边界，并通过数据管理引擎，对数据的存、算、管、用等实施端到端的整合和优化，让数据在全生命周期内更好用，让数据的每比特价值实现最大化、成本实现最优化。在计算领域，华为通过计算机体系架构、工程和基础软件、硬件协同的持续创新，秉持"硬件开放、软件开源、使能伙伴、发展人才"的战略，构建开源、开放的鲲鹏、昇腾、欧拉等基础软件、硬件生态，为世界提供多样性算力。在云服务领域，华为云提出一切皆服务的发展理念，并将华为公司 30 多年在 ICT 领域的技术积累转化为各类云服务，实现了基础设施即服务、技术即服务和经验即服务。

打造个性化体验。华为与全行业的软件、服务及硬件生态的合作伙伴一起，围绕消费者群体进行系统的整合与创新。此外，华为基于以智能手机为核心的"1+8+N"全场景智慧生活战略，围绕智慧办公、运动健康、智能家居、智慧出行和影音娱乐五大场景，通过 HarmonyOS、HMS 等赋能生态，为消费者打造极致的全场景智慧生活体验。企业能够基于 AI、云等新技术，深刻地洞察客户需求，做到敏捷创新，提供更加客户化的体验；产业能通过整合，协同推动规模化创新。

构建数字平台。数字平台是数字化转型成功的核心引擎，华为联合生态伙伴，提供领先创新的数字平台解决方案等，帮助客户打造开放、灵活、易用、安全的数字平台，使能客户打造属于自己的智能方案，使能千行百业进行数字化转型、智能化升级，为数字经济注入新动能。

二、中兴通讯

（一）发展情况

中兴通讯股份有限公司（简称中兴通讯），成立于 1985 年，是通信设备制造行业的龙头企业，集"设计、开发、生产、销售、服务"于一体，拥有 ICT 行业完整的、端到端的产品和解决方案。中兴通讯 2022 年年度报告显示，

2022 年，中兴通讯实现营业收入 1229.54 亿元，同比增长 7.36%。在国内、国际两大市场中，运营商网络业务、政企业务和消费者业务三大业务的营业收入均实现同比增长。其中，国内市场以基于 ICT 基础能力及"连接+算力"的数字基础设施建设为主，实现营收 852.4 亿元；国际市场以 5G 新建、4G 现代化改造、固网接入光纤化及家庭宽带产品为主，实现营收 377.1 亿元。运营商网络业务方面，其可进一步细分为运营商传统网络（5G、固网、光传输、路由器等）和运营商云网业务（服务器及存储、芯片、操作系统、视频中台、数据中心等产品及解决方案），全年实现营业收入 800.4 亿元，同比增长 5.72%；政企业务方面，中兴通讯聚焦互联网、金融、能源、交通等重点行业的数字化转型，全年实现营业收入 146.3 亿元，同比增长 11.84%，其中，国内政企业务的营业收入增长超过 40%；消费者业务方面，通过打造以智能手机为核心的"1+2+N"智慧生态，全年实现营业收入 282.8 亿元，同比增长 9.93%。

（二）发展策略

中兴通讯以"让沟通与信任无处不在"为愿景，以"网络联接世界，创新引领未来"为使命，规划了"1 基座+2 曲线+3 阶段"战略。

"3 阶段"为中兴通讯的八年发展规划，分为恢复期（2018—2019 年）、发展期（2020—2021 年）和超越期（2022—2025 年）。目前，中兴通讯正处于"超越期"，这是一个承上启下的阶段，主要的使命是"固本拓新"。一方面，以无线、有线产品为代表的通信业务的全球市场格局已基本形成；另一方面，面对当前产业数智化转型及绿色低碳引发的能源变革等发展机遇，企业应利用在其他领域积累的能力，打开企业上限，拓展产业边界。

"2 曲线"为中兴通讯的业务结构划分，分为"固本"的第 1 条曲线和"拓新"的第 2 条曲线。第 1 条曲线主要是通信赛道，包含无线接入、有线接入、核心网、承载网等通信业务；第 2 条曲线则包括 IT、数字能源、智能终端等其他赛道，公司以原有 CT 业务的赛道作为突破口，沿着市场、客户和技术的优势区域进行战略性的拓展。

"1 基座"即中兴通讯搭建的数字化基座。中兴通讯自主研发的核心专用芯片构筑了体验极致和效率极致的云网根基，立足"端、网、云、智"核心能力，通过开放自身原子能力，为产业、行业和生态伙伴筑基、献智和赋能，携手行业合作伙伴，广泛开展创新实践，拓宽并做深应用场景，加速千行百业的数字化转型。

三、国电南瑞

（一）发展情况

国电南瑞科技股份有限公司（简称国电南瑞），成立于 2001 年，是国家电网旗下的首家上市公司。国电南瑞以能源电力智能化为核心，提供能源互联网的整体解决方案，是我国能源电力及工业控制领域中卓越的 IT 企业和电力智能化领军企业。公司业务从电力自动化领域开始，不断扩展延伸至智能电网、发电、轨道交通、水利水务、市政公用、工矿等诸多嵌入式系统领域。公司以先进的控制技术和信息技术为基础，利用"大数据、云计算、物联网、移动互联、人工智能、区块链"等技术，为行业和客户提供软硬件产品、整体解决方案及应用服务，公司还具有软件能力成熟度模型集成五级（CMMI5）资质。国电南瑞 2022 年年度报告显示，公司实现营收 468.29 亿元，同比增长 10.42%；归母净利润为 64.46 亿元，同比增长 14.24%，经营业绩保持稳定增长。2022 年，公司还成功入选"央企 ESG·先锋 50 指数"。

（二）发展策略

公司顺应能源革命和数字革命相融并进的大趋势，以高质量发展为主题，以全方位支撑、服务能源互联网发展和清洁低碳转型为使命，聚力实施"夯基、赋能、破冰、节流、提质"五大工程，奋力打造"技术、产业、人才、改革、安全、思想"六个高地，全力打造电网智能化、能源数字化、网外及新兴产业三大产业集群，实现经营业绩质的有效提升和量的合理增长。2025 年，公司初步建成国际领先的能源互联网产业集团。

一是打造电网智能化产业。公司聚焦新型电力系统建设，加快推动关键技术、核心产品迭代升级和新技术智慧赋能，持续巩固大电网安全稳定、交直流输电、调度、变电、配电、用电等领域的专业优势，着力提升电源侧主动支撑能力、电网侧坚强弹性能力、负荷侧灵活调节能力、储能侧优化配置能力、电力市场资源调度能力，实现从"国际先进"向"国际领先"迈进。

二是打造能源数字化产业。公司深刻把握电网数字化建设发展机遇，聚焦增强电网"气候弹性""安全韧性""调节柔性"，基于其在云平台、电网资源业务中台、量测中心等关键平台及核心业务的布局优势和技术优势，强化数字技术和能源技术的融合应用，全方位拓展数字基础设施建设、企业级中台建设、电网和能源生产数字化、数据体系建设及数据赋能等产业布局。

三是打造网外及新兴产业。加强水电及新能源、智慧轨交等领域的核心产品研发和整体方案策划，加大综合能源服务、工业控制等领域拓展力度，加快打造行业领先、效益突出的网外产业。聚焦 IGBT、储能、智能设备、传感器、工业互联网、智慧消防等新兴领域，"一业一策"加快新兴产业系列化突破、规模化发展。稳步拓展国际业务，推动向高附加值的自有产品输出转型，提升效益贡献度。

第三十章

云计算企业

一、百度

（一）发展情况

百度智能云于 2015 年正式对外开放运营，其以"云智一体"为核心为企业和开发者提供全球领先的人工智能、大数据和云计算服务及易用的开发工具。作为中国人工智能的先行者，百度在深度学习、自然语言处理、语音技术和视觉技术等核心技术领域优势明显。百度智能云凭借其先进的技术和丰富的解决方案，百度智能云全面赋能各行业，加速产业智能化。2022 年 5 月 5 日，工信部发布百度智能云开物首次申报即入选"国家队"。

（二）发展策略

云智一体，推进"云+AI"深度整合。2020 年，百度智能云率先提出基于"数字化底座"与"智能化引擎"的"云智一体"模式。深化"云+AI"深度整合。数字化底座包含基础云、数据库、物联网、边缘计算等基础平台，以及视频云、大数据、云原生开发和地图等服务。智能化引擎以百度自研的开源开放的深度学习平台—飞桨为核心，以保软、硬于一体的 AI 大生产平台—百度大脑为基础，帮助企业打造智能化平台和应用。2022 年百度发布"云智一体 3.0"架构，形成了"芯片—框架—大模型—行业应用"全自主的智能化路径，实现了智能云的全新升级。3.0 架构打造高性价比的异构算力和高效的 AI 开发、运行能力，向上优化已有应用、孵化新应用，向下改造数字底座，使基础云更适合 AI 应用，形成螺旋上升、不断进化的效果。

深入产业，打造行业标杆应用。百度智能云通过云智一体的技术和产品深入布局工业、能源、交通等国民经济支柱产业，从核心场景切入，对各行各业产生示范作用与标杆价值。2022 年百度智能云首次发布汽车云，从车企集团云、网联云、供应链协同云三个方面推进汽车制造行业的数字化转型升级，着力解决汽车行业生产、自动驾驶测试、供应链管理等数字化应用难题。目前中国销量前 15 名的车厂中，一汽、吉利、东风汽车等 10 家企业是百度智能云的客户，在头部 10 家新能源车企中，百度智能云就服务了 5 家。在工业互联网方面，百度智能云深入重庆、苏州、桐乡等制造业核心区域，建设技术、人才、资金三位一体的创新生态，助力当地形成有竞争力的产业集群。在金融行业方面，百度智能云在金融云解决方案的整体市场中排名前三，目前已服务近 500 家金融行业的客户，覆盖营销、风控、运营等核心金融场景。

开放共享，构建聚力共赢新生态。在技术生态方面，百度飞桨已汇聚超 360 万名开发者，百度大脑对外开放 330 多项 AI 能力，同时百度坚持产学研融合，共培养了超过 100 万名 AI 人才。百度智能云面向个人开发者，提供免费的技术能力支持，构建了开发者生态。面向具备技术开发能力的中小企业，百度通过百度大脑赋能，构建了强大的 AI 技术生态。在产业生态方面，百度智能云联合产业上下游合作伙伴，聚焦咨询、技术、服务、交付、产品及解决方案等方面强化合作，构建完善的生态伙伴体系，推动各项智能应用落地实施。

二、中国移动

（一）发展情况

移动云是中国移动基于移动云计算技术建立的云业务品牌，其依托集团的资源优势，积极推进分布式云资源布局，构建云网融合支撑体系，实现云网边端业务一站式服务。移动云面向政府部门、企业客户和互联网客户提供弹性计算、存储、云网一体、云安全、云监控等基础设施产品，数据库、应用服务与中间件、大规模计算与分析 PaaS 产品，以及千款 SaaS 应用，其产品涵盖弹性计算、云存储、云网络、视频服务、应用服务、云桌面等。

（二）发展策略

强化算网基础设施布局，打造新一代算网存储能力。中国移动围绕国家

"东数西算"工程和全国一体化算力网络布局，积极部署算网基础设施。移动云以集团的多样性算力资源能力规模为依托，从架构、资源、能力等多方面持续发力，推动算力资源协同发展。技术架构方面，移动云提出"大一广一融"的技术架构规划，推动云网协同向云网融合发展。资源建设方面，移动云不断优化"4+N+31+X"集约化梯次布局，在长三角、京津冀、大湾区、陕川渝四大热点经济区发布 8 个 3AZ（Availability Zone 可用区，一种新架构）高品质资源池。此外，移动云还创新性地推出云网融合的 8 款新产品，促进算力服务便捷化、弹性化、智能化。

加强核心技术攻关，提升云计算自主可控能力。移动云以强化算网能力为突破口，加强底层技术攻关，加快全栈资源池化，实现异芯、异构、异地、异云资源的统一调度。2022 年，大云操作系统入选 2022 年"科创中国"先导技术榜单，DPU 智能网卡（运营商首款自研）实现虚拟化零损耗，多云管理平台实现异构环境下的多云统一纳管、统一运维和统一运营。截至目前，移动云已拥有专利 218 项，获国内外奖项荣誉 40 多项，牵头或参与制定国家及行业标准 25 项。

深耕行业应用场景，提升云计算服务能力。一方面，中国移动正加快算力网络应用的规模推广，积极开展 AR、VR、云手机等典型应用及配套终端的落地推广活动，加强在科技馆、博物馆、美术馆、城市重要商圈等地设置体验专区，推动典型算力网络应用的规模普及。另一方面，中国移动面向政务、医疗、教育、交通、文旅等行业领域提供应用服务，2022 年解决方案超过 100 个。截至目前，移动云已累计建设 17 个省级、150 多个地市级政府云平台，建设 15 个省、区域教育云平台，服务 35 万所学校，建设 12 个省级医疗云平台。此外，在服务中小企业方面，移动云根据客户信息化需求的特点，以一楼两区为重点，以"网＋云＋应用"融合为切入，面向楼宇/园区入驻企业，重点开展以云视讯、企业视频彩铃、移动办公等为核心的云应用。

三、天翼云

（一）发展情况

天翼云是中国电信旗下一家科技型、平台型、服务型公司，以"云网融合、安全可信、绿色低碳、生态开放"四大优势向客户提供公有云、私有云、专属云、混合云、边缘云全栈云服务，满足政府机构、大中小企业数字化转型的需求。天翼云强化科技创新，依托云网融合方面的领先优势，打造云网融合的新型信息基础设施。此外，天翼云基于自身核心优势，与产业链上下游合作伙伴加强合作，不断丰富产业生态。

（二）发展策略

聚焦云网算力布局，打造高水平、安全可靠的算力体系。天翼云基于超大规模、超高性能的计算底座，构建高速泛在的算力布局。目前天翼云已完成"2+4+31+X+O"的算力布局，"一城一池"覆盖超过 240 个地市级城市，边缘算力节点超过 800 个，为用户提供高效集约、超低时延的分布式云服务。2022 年，天翼云新增算力 1.7EFLOPS，算力总规模达 3.8EFLOPS，同比增长 81%。在算力调度方面，天翼云建设了与国家"东数西算"枢纽节点相统一的算力调度网络，自主研发天翼云 4.0 算力分发网络"息壤"，通过算力调度促进算力资源合理分配，通过业务调度实现业务性能、质量、成本综合优化，充分满足"东数西算"跨区域高效算力调度的要求。

聚焦民生服务主要领域，深化云计算创新应用。天翼云，覆盖政府、互联网、能源、制造、医疗、教育、金融、农业等各行各业。在政务服务方面，天翼云助力搭建全国 20 多个省级政务云平台，300 多个地级市政务云平台，1000 多个智慧城市项目。在交通领域，天翼云助力广州高速打造无感通行体验，高速公路智能化无感通行引导系统，融合了跨摄像头追踪、密集物体移动图像分割、点云、夜间对象识别、数字孪生技术等多种高精尖技术领域，形成了边、云、网、智一体化的解决方案。在企业上云方面，天翼云为 12 大行业打造了超 100 个解决方案，服务于 31 省 140 万个中小企业客户。

聚焦产业链协同共创，构建开放合作云生态体系。天翼云与合作伙以技术合作、SaaS 应用、业务上云、渠道合作等方式，共同构建云生态软硬件底座，营造云生态繁荣的景象。中兴通讯与中国电信达成采购天翼云服务协议，并在 2022 年发布了新一代云上数字研发产品天翼云 EasyCoding 敏捷开发平台，该平台自带一体化解决方案，为企业和个人提供极致的场景服务。下一步，中兴通讯与天翼云将进一步加大研发，持续推出"应用商城""微管平台""度量中心"等数字化产品。用友网络与天翼云在 SaaS 产品、DICT 项目、国资监管云和医卫信息平台等领域持续深入合作，并取得丰硕成果。软通动力与天翼云持续强化战略协同，深化二者在技术、应用、服务、渠道等方面的全面合作，为客户提供全栈式、端到端的云智能服务。

第三十一章

大数据企业

一、星环科技

（一）发展情况

星环科技致力于打造企业级大数据基础软件，围绕数据全生命周期提供基础软件与服务，包括数据的集成、存储、治理、建模、分析、挖掘和流通等，已形成大数据与云基础平台、分布式关系型数据库、数据开发与智能分析工具的软件产品矩阵，支撑客户及合作伙伴开发数据应用系统和业务应用系统，助力客户实现数字化转型。公司以上海为总部，以北京、南京、广州、新加坡为区域总部，在郑州、成都、重庆、济南设有支持中心，同时在深圳、西安等地设有办事机构，并在加拿大设有海外分支机构。

公司主要提供两大类产品和服务。第一类是大数据基础软件业务，包含基础软件产品和技术服务；第二类是应用与解决方案，主要针对大数据应用场景，提供大数据存储、处理以及分析等相关场景下的咨询和定制开发等服务的解决方案。除上述两类业务外，公司根据客户及项目需求销售少量第三方软件、硬件等其他业务。经过多年自主研发，目前，公司产品已经在十几个行业应用落地，拥有超过一千家终端用户。

2022 年，星环科技被 Gartner 评为数据中台及图数据库领域全球推荐供应商，并入选中国数据库管理系统产品品类最多的厂商之一。同年，星环科技成为全球首个通过 TPCx-AI 基准测试及官方审计的软件厂商，单节点性能全球第一。2022 年 10 月，公司成功登陆上交所科创板。

（二）发展策略

不断提升自主研发能力，助力大数据基础软件国产化进程。公司专注于分布式技术、数据库技术、编译技术、数据云技术等基础软件领域的研发，始终坚持"自主研发、领先一代"的技术发展策略，注重技术研发的前瞻性。截至 2022 年 12 月 31 日，公司累计获得发明专利 91 项。公司基于分布式架构的大数据基础平台、分析型数据库产品已达到业界先进水平，相关产品已通过国际知名组织 TPC 的基准测试（TPC-DS）并通过官方审计，公司也是从该基准测试自 2006 年标准发布以后，全球首个通过官方审计的软件厂商。2022 年 8 月，星环科技成为全球首家通过 TPCx-AI3TB 基准测试的厂商。公司积极参与信息产业的国产化进程，成为大数据基础软件国产化的重要推动者。2022 年，公司作为支持单位与客户联合申报的 4 项成果，成功入选由中国信息通信研究院及中国通信标准化协会大数据技术标准推进委员会共同组织的 2022 年大数据星河案例。

丰富产品线和提高服务能力，满足用户数据生命周期管理需求。围绕数据集成、存储、治理、建模、分析、挖掘和流通等数据全生命周期管理的各个阶段，公司研发了一系列软件产品，包括大数据与云基础平台、分布式关系型数据库、数据开发与智能分析工具等软件产品、软硬一体机产品及相关技术服务，实现"一站式"数据管理解决方案。2022 年 6 月，公司多个产品或子产品入选 Gartner 发布的《中国数据库管理系统供应商识别指南》，在识别的 8 类数据库管理系统产品中，公司入选产品覆盖其中 7 类，是覆盖超过 7 类或以上产品的四家厂商之一，以及覆盖多模数据库的四家厂商之一。

重视新客户发展和老客户维护，推动公司业务稳定向上发展。截至 2022 年末，公司拥有约 1400 家终端用户。公司自主研发的先进技术和大数据全周期解决方案成功满足了各类客户在多个业务场景的需求，得到了众多客户的认可。2022 年，公司老客户复购产生的收入约占公司营业收入的 68.10%，构成公司主要的收入来源；公司新客户的收入约为 11884.43 万元，同比增长 56.81%，其中，确认收入金额大于 100 万元的新客户数目持续提升，由 2021 年的 12 家增长至 2022 年的 34 家。

二、明略科技

（一）发展情况

明略科技是北京明略昭辉科技有限公司旗下企业数据智能应用软件的提供者，致力于通过大数据分析挖掘和认知智能技术，推动知识和管理复杂度高的大中型企业进行数字化转型。明略科技通过充分挖掘数据价值，为客户提供基于大数据和人工智能的软件产品与服务，帮助企业在数字化转型中挖掘营销、销售和服务等场景的商业价值。

明略科技大部分员工拥有 985、211 等名校教育背景，其中不乏有来自清华、北大、瑞典皇家理工、香港大学等国内外顶尖名校精英组成的技术或商务团队。核心技术团队的成员包括奥数金牌获得者、ACM 金牌获得者、国际编程竞赛金奖获得者、并行计算引擎 Spark 贡献者、机器学习 TensorFlow 贡献者、查询引擎 Kylin 核心贡献者、Apache Bigtop 代码贡献者、phpHiveAdmin 的作者、HACE Theorem 创立人等顶级技术人才。

明略科技下属三大数据智能产品线，即秒针系统、明智中台和明智工作。"秒针系统"为企业提供营销数字一体化解决方案，服务于国内外的知名品牌，包括宝洁、欧莱雅、完美日记、元气森林等。"明智中台"帮助政府和线下商业完成数字化转型，服务于地方政府、国有企业、连锁餐饮和零售客户，包括上海地铁、湖南国网等。"明智工作"让企业的营销、销售和服务更加高效，服务于地产、汽车、快消等行业，包括宝马、屈臣氏、巧虎等。

（二）发展策略

先感知后认知再行动，搭建完整闭环的人工智能解决方案。明略科技的业务分三步走。第一步，感知数据，通过人工智能技术将把各种各样的数据采集回来，连接起来；第二步，认知数据，人和数据一起去互动，一起做分析，研究问题的解决办法；第三步，行动，形成一个自动的闭环反馈。明略科技从简单地帮助客户搭建大数据平台过渡到各种各样的人工智能应用，已经开发、上架了产业头条、产业分析、智慧招商等各类应用服务，实现了用人工智能技术帮助客户发现并解决实际问题。

依托自身数据优势构建数据中台，实现数据向决策落地的良性转换。明略科技利用本身作为大数据的软件产品、平台和智能服务商的优势构建数据中台，帮助企业汇聚并治理多源异构数据，盘活数据资产，形成客户全面感知平台。基于数据中台，整合大数据、物联网、知识图谱和多模态人工智能技术，构建行业知识图谱和认知分析模型，形成客户全面认知平台。最终实现具有分析决策能力的高阶人工智能应用，让组织内部高效运转、加速创新。经过十几年的历史积淀，明略科技已为 2000 多个客户提供基于数据智能赋能产业转型升级的服务，这些客户包括北京上海等多城市地铁、建设银行、中国人寿、平安银行、大数据局、国网某电力公司等。

将公安大数据作为专攻领域，做公安领域大数据服务专家。明略科技瞄准公安领域规模数据和业务指向明确的特性，为公安系统提供破案引擎。其运用公安知识图谱等认知智能手段，实现人、事、地、物、组织、虚拟身份的关联，提升预警研判的准度、精度。60 多个省市级公安局都在利用明略科技构建的公安领域知识图谱，进行案情分析和智能研判。

三、昆仑数据

（一）发展情况

昆仑智汇数据科技（北京）有限公司（简称昆仑数据），是总部位于北京的一家高科技企业，由 IBM 和清华大学的一批大数据专家共同创办。作为工业大数据领域的领军企业，昆仑数据精于工业机器数据处理与数据分析，以业界领先的方法论、平台产品和数据科学服务，降低工程技术人员以业务视角调取、分析数据的难度，并进一步确定知识结构化沉淀的技术门槛的标准，帮助工业企业建立自主数智化创新能力。以大数据合伙人为定位，与工业企业携手构建数据驱动的创新产品和服务。目前已服务清洁能源、显示面板、高端电子、钢铁冶金、新能源商用车、动力装备等领域。2022 年 5 月 19 日，昆仑数据入选北京市 2022 年度第三批"专精特新"中小企业名单。

（二）发展策略

瞄准工业升级四大命题，精准捕捉企业的业务痛点。昆仑数据围绕提质、控险、增效、降耗工业升级四大核心命题，对客户企业的业务进行全面分析诊断，寻找合适的应用场景，针对可以用大数据解决的问题提出试点方案，最后进行全面部署，精准地解决企业升级发展难的痛点。

从产业链龙头企业入手，整合工业互联网所有要素。昆仑数据按照点线面拓展，由工业龙头企业切入其上下游，不仅解决单个企业内部的问题，而且帮助企业搭建一个服务上下游产业链的数据平台，让数据在产业链上流动起来，把数据的价值无限放大。公司还联合行业龙头企业，搭建工业互联网平台，整合上下游，参与运营管理，用技术为整个行业赋能。例如，在绿能互联合作平台中，其整合了工业互联网涉及所有要素，即服务器、网络存储等 IT 资源管理；设备物联接入；各类工业数据的采集、存储、分析、管理；工业算法和模型的发布使用；安全方面的预警、追踪；平台建好之后的业务运营，包括应用开发和业务的上线、发布、订购、计费等一整套运营管理流程。该平台是国际上首个覆盖、打通"全产业链"的新能源互联网平台。

抓住工业互联网发展机遇，转型为数据技术驱动的"1+N"模式工业服务公司。昆仑数据发布了工业互联网平台 KSTONE，主要面向新能源、电力、石油天然气、工程机械、空调制冷装备、电子制造等行业。包括与国家电网青海公司合作的新能源互联网平台—绿能互联；与国内最大的风电装备制造企业金风科技合作的风电工业互联网平台—金风云；与国内制冷空调行业的龙头冰山集团合作的制冷空调互联网平台—冰山云；与负责攀钢集团互联网业务的积微物联合作的钢铁工业互联网平台—积微钢铁云。至此，昆仑数据自有的昆仑云与上述 4 个平台，初步形成了昆仑数据"1+N"战略雏形。

第三十二章

人工智能企业

一、百度

（一）发展情况

百度成立于 2000 年 1 月，逐渐从以搜索引擎、知识、信息为中心的互联网平台向拥有强大互联网基础的领先 AI 公司转型。百度已连续 10 多年在 AI 领域的研发投入占收入比例超 15%，逐步形成了 AI 芯片昆仑、飞桨深度学习平台、预训练大模型等软硬件优势，并从核心技术、开放开源平台、算力底座三大层面打造自己的 AI 大生产平台。百度曾入选全球四大 AI 巨头，连续三年国内 AI 专利申请和授予量排名第一，并获得多项国家级重要奖项。仅 2022 年，百度就获得 5 项中国专利奖；在当下的 IT 技术栈四层模式中，百度在框架层、模型层、应用层等三层专利的储备位居国内第一。

（二）发展策略

模型与技术积累丰厚，传统业务奠定先发优势。在百度全栈布局下，从芯片层、框架层、模型层再到应用层，人工智能开发和应用的全链条得以贯通。在芯片层，百度自主研发了云端 AI 芯片昆仑，昆仑芯 3 代将在 2024 年初量产。在框架层，百度拥有我国首个自主研发、功能丰富、开源开放的产业级深度学习平台，该平台集深度学习核心训练和推理框架、基础模型库、端到端开发套件和丰富的工具组件于一体，对标 PyTorch 和 TenserFlow。目前，飞桨已凝聚超 320 万名开发者，服务企业 12 万家，产生了 36 万个模型。从模型上看，百度发布了文心系列模型（ERNIE1.0、ERNIE2.0、ERNIE3.0、

ERNIE3.0-Titan）和 PLATO 系列模型（PLATO1、PLATO2、PLATO-XL），部分模型处于全球领先水平。

人工智能赋能产业，不断创造社会效益。得益于起步早、布局全和高投入，百度在人工产业创新和智能应用上，形成了一定的先发优势。《AI 创新链产业链融合发展赋能数字经济新时代——中国人工智能专利技术分析报告（2022）》显示，百度在智慧城市、智慧医疗两个领域，专利申请量、授权量、高价值专利及其创新驱动力均排名第一；在智慧交通、智慧金融、智慧工业三个领域，专利申请量、高价值专利及其创新驱动力排名第一。在智慧工业领域，百度已经布局近 9000 件 AI 中国专利，创新成果在贵阳、重庆、桐乡等约 16 个区域的电子、汽车、装备制造等 22 个行业落地应用，服务工业企业超过 18 万家，助力企业数字化转型和产业智能化升级。在智慧城市领域，百度布局人工智能专利数量 3000 多件，支撑了 50 多个城市管理领域的 AI 应用创新，全栈国产化适配率达 85%。在智慧交通领域，百度在重庆永川区改造智能路口超 110 个。在智能交通系统覆盖范围内，主要道路平均车速提升 11%，平峰停车次数平均减少 59.5%，高峰时段拥堵里程下降 36%。自动驾驶领域，百度萝卜快跑已在北京、重庆、成都、合肥等多所城市落地，成为了中国唯一一家在多所城市开启无人驾驶试运营的企业。

二、科大讯飞

（一）发展情况

科大讯飞股份有限公司（简称科大讯飞）前身是安徽中科大讯飞信息技术有限公司，成立于 1999 年，主营业务为人工智能技术研究、软件及芯片产品开发、语音信息服务等。科大讯飞两次荣获"国家科技进步奖"及中国信息产业自主创新荣誉"信息产业重大技术发明奖"，其被任命为中文语音交互技术标准工作组组长单位，牵头制定中文语音技术标准。公司牵头制定中文语音技术标准的同时，也获得首批国家新一代人工智能开放创新平台、首个认知智能国家重点实验室、首个语音及语言信息处理国家工程实验室、国家 863 计划成果产业化基地、国家智能语音高新技术产业化基地、国家规划布局内重点软件企业、国家高技术产业化示范工程等荣誉。截至 2022 年底，讯飞开放平台已开放 559 项 AI 能力及场景解决方案，聚集 398.1 万名开发者团队，总应用数达 164.6 万名，链接超过 500 万名生态合作伙伴。

（二）发展策略

长期布局核心算法、数据、算力和人才。在算法方面，2022 年科大讯飞累计获得了常识阅读理解挑战赛 OpenBookQA 等 13 项世界冠军；开源了超过 40 个通用领域、6 个大类的系列中文预训练语言模型，该模型成为业界最广泛流行的中文预训练模型系列之一。在算力支撑方面，科大讯飞自建了业界一流的 AI 数据中心，为大模型训练平台建设奠定了很好的硬件基石。此外，在工程技术方面，科大讯飞实现了百亿参数大模型推理效率的近千倍加速，为未来更大、更多认知智能大模型技术的经济实惠规模化应用提供了可能。在专利方面，科大讯飞在关键核心技术上保持高强度研发投入，目前已在全球 126 个国家拿下了 3234 项独家专利，在各大世界级人工智能比赛中多次斩获冠军。仅 2022 年，科大讯飞在人工智能关键核心技术领域累计摘取 16 项国际人工智能大赛冠军，其中，在认知智能领域获得 13 项冠军。在人才储备方面，科大讯飞已拥有超过 200 人的成建制团队，包括《麻省理工科技评论》"35 岁以下科技创新 35 人"榜单中顶尖的数位科学家。截至 2022 年底，科大讯飞研发人员达 9281 人，占公司总人数比例为 61.68%，占比同比提升 3.2 个百分点。

面向产业数字化深度挖掘行业应用价值。科大讯飞围绕"平台+赛道"的业务布局，以讯飞开放平台为核心，将"智慧教育"作为根据地业务，覆盖了城市、医疗、政法、工业、汽车、金融等多个垂直应用场景，形成了面向 G/B/C（政府用户/企业用户/个人用户）端的业务发展格局。2022 年，科大讯飞对教育、医疗等持续运营型根据地业务进行开拓，其中，拓展人工智能开放平台新增 87.5 万名开发者，教育考试业务新增 12 个地市中考和 2 个省市高考，个性化学习手册新增 300 所运营校，学习机流水型线下门店新增 769 家，"双减"校内课后服务合作平台新增 130 个市区县，智慧医疗新开拓 96 个区县，智慧汽车新增合作车型 110 个。未来，科大讯飞将采用"1+N"架构，将大模型技术应用到行业中，其中"1"是通用认知智能大模型算法研发及高效训练底座平台，"N"是应用于教育、医疗、人机交互、办公、翻译、工业等多个行业领域的专用大模型版本。

三、阿里巴巴

（一）发展情况

阿里巴巴（简称阿里）成立于 1999 年，总部位于浙江杭州。目前阿里巴巴拥有飞天 AI 平台、阿里云、前沿技术研究机构达摩院和人工智能治理与可持续发展实验室。公司进行了全面的 AI 技术布局，涵盖语音智能、语言技术、机器视觉、决策智能等方向，建成了完善的机器智能算法体系。不仅囊括语音、视觉、自然语言理解、无人驾驶等技术应用领域，还不断深化 AI 基础设施建设，重金投入研发 AI 芯片、超大规模机器学习平台，并训练实现了全球首个 10 万亿个参数 AI 模型、建成了全球最大超级智算中心。2022 年 9 月，阿里发布集成历年技术沉淀的"通义"大模型系列，相关核心模型和技术开源开放，为国内人工智能从专用智能迈向通用智能、进而更好地实现普惠应用提供了强力引擎。

（二）发展策略

聚焦通用底层技术，不断升级技术架构。在芯片层，平头哥发布全球最强 AI 芯片含光 800 算力，打破业界纪录，获得性能及能效比全球第一名，其中，1 块含光 800 算力相当于 10 块 GPU。在云服务层，全球前三名、亚太第一名的阿里云已构建起亚洲种类最全、规模最大的人工智能集群，包括 GPU、FPGA、NPU、CPU、超算集群、第三代神龙架构等在内的公共云服务，共同形成面向人工智能产业的最强力支持。在 AI 平台层，飞天 AI 平台、飞天大数据平台、AIoT 平台等大大降低了 AI 开发门槛。其中，飞天 AI 平台是国内首个云端商业化机器学习平台，支持上百亿特征、千亿训练样本的超大规模经典算法。在 AI 算法层，达摩院成立两年来在自然语言处理、智能语音、视觉计算等领域夺得了 40 多项世界第一名。

生态层面坚定"产品被集成"战略。阿里云将走向"产品被集成"阶段，形成"1+3+1"的产品被集成结构。顶层为 MaaS 模型，即服务，阿里云向生态开放大模型能力和训练底座；中间层为 3 个 PaaS 被集成，钉钉和瓴羊进入产品矩阵，与阿里云平台产品构成的 3 个 PaaS 一起被集成；底座为 IaaS 云基础设施产品被集成。基于强大的 IaaS 层算力和 PaaS 层丰富的开发工具，阿里云提供以通义大模型系列为基础的企业定制大模型，并提供模型推理/

服务、模型监控、模型部署、模型训练、模型更新、模型存储/检索等全面服务，辐射互联网、政府、零售、能源、制造等多个行业应用场景。2022 年，阿里云与 12000 家合作伙伴服务了超过 45 万个客户，有 300 多家合作伙伴在阿里云的上年销售额超过千万元，超过 900 家合作伙伴增速超过 100%。2017—2022 年，阿里云伙伴业绩规模从 25.8 亿元增长至 192 亿元，五年时间增长超 7 倍。

四、商汤科技

（一）发展情况

北京商汤科技（简称商汤科技）成立于 2014 年，是一家专注于计算机视觉技术的人工智能软件公司，业务涵盖智慧商业、智慧城市、智慧生活、智能汽车四大板块。商汤科技是中国科技部授予的"智能视觉"国家新一代人工智能开放创新平台，它还设立了硅谷人工智能实验室。商汤科技积极参与有关数据安全、隐私保护、人工智能伦理道德和可持续人工智能的行业、国家及国际标准的制订，其发布的《AI 可持续发展道德准则》被联合国人工智能战略资源指南选录。2021—2022 年期间，商汤科技已经成功研发了 320 亿个参数量的全球最大的通用视觉模型，实现了高性能的目标检测、图像分割和多物体识别算法，这些技术在自动驾驶、工业质检、医疗影像等领域得到了广泛应用。截至 2022 年末，商汤科技累计生产的商用 AI 模型达到了 6.7 万个。

（二）发展策略

深耕底层核心算法，前瞻布局基础设施。商汤科技拥有国内强大的、稀缺的人工智能底层基础设施 SenseCore 通用大装置，SenseCoreAI 大装置基于 2.7 万块 GPU 的并行计算系统实现了 5.0exaFLOPS 的算力输出，最多可支持 20 个千亿参数量超大模型（以千卡并行）同时训练，是亚洲最大的智算中心之一。在计算机视觉方面，商汤科技成功地研发了 320 亿个参数量的全球最大的通用视觉模型，在自动驾驶、工业质检、医疗影像等多个领域得到广泛应用。在自然语言处理方面，模态多任务通用大模型"书生（INTERN）2.5"，拥有 30 亿参数，号称是目前全球开源模型中 ImageNet 准确度最高、规模最大，同时也是物体检测标杆数据集 COCO 中唯一超过 65.0 mAP 的模型。在

AI 芯片和硬件加速方面，商汤科技成功研发了数款高性能、低功耗的 AI 推理芯片及 AIISP 芯片，在数据中心、边缘计算等场景下展现出了强大的计算能力。

提升产品适配程度，不断拓展应用场景。在智能汽车板块，商汤科技完成了绝影智能车舱和智能驾驶产品在 27 款车型中的适配和量产交付，推出绝影车路协同 AI 云平台。在智慧生活板块，商汤科技实现了 SenseMARS 混合现实平台的产品及功能整体升级、首款 AI-ISP 芯片被成功点亮、SenseCare 智慧诊疗平台已向医院客户提供多种智能化产品及服务等一系列技术突破。在智慧商业板块，2022 年 SenseCore 正式面向行业客户开放能力，赋能行业客户的模型开发，对外服务产生的收入迅速突破至智慧商业整体收入的 20% 以上。在智慧城市业务方面，城市方舟 SenseFoundy 搭载的 A 模型数约 3.5 万个，同比增长 56%。依托中国对各地城市数字化升级建设的持续支持，已累计有 162 个城市部署了城市方舟，包括 16 个超千万人口的大型城市，以及 4 个海外城市。根据 IDC 发布的《IDCMarketScape：中国城市智能计算平台厂商评估，2022》，商汤科技入围领导者象限，并在战略能力厂商的排名中保持第一名。

第三十三章

开源软件企业

开源发展已成大势，国内企业参与开源生态的建设如火如荼。以阿里巴巴、华为、腾讯、百度等著名大企业为代表的国内信息技术企业在开源社区、顶级项目中的参与度和贡献度进一步提升。当前，阿里巴巴仍然是我国开源活跃度最高的企业，而华为则是国内乃至全球范围内最重要的开源生态建设者，中兴、小米、360、百度、腾讯等企业也正在逐步加大对全球开源的贡献量，力图获取更多的产业发展要素和国际话语权。

一、华为

（一）发展情况

华为是我国最大的民营通信科技公司，其主营业务是通信设备的销售和相关行业解决方案的供应。2022 年，《财富》评选的世界 500 强企业中，华为排名位于全球第 72 位。根据《2022 年中国软件竞争力百强发展报告》，华为位列我国软件竞争力百强企业的第二名，相比上年下滑一名。近年来，华为积极参与国际大型开源项目，曾成为 Linux Kernel 5.10 代码贡献全球排名第一、Kubernetes 代码贡献量亚洲排名第一的企业。

（二）发展策略

过去十年，华为秉承"源于开源，强于开源，回馈开源"的理念，通过持续贡献，携手生态伙伴、开发者，共同构建基础软件生态体系，夯实数字基础设施的生态底座，加速推动千行百业数字化进程，在全球开源社区中发挥着积极的作用，逐渐成为全球开源软件价值体系中的关键力量。

深耕基础软件开源开发。华为依托三十多年的 ICT 技术积累，在开源领域深耕基础软件，积极拥抱开源软件开发的巨大优势，携手生态伙伴、开发者，共同构建基础软件生态体系，夯实数字基础设施的生态底座，加速推动千行百业数字化进程，在全球开源社区中发挥着积极的作用，成为全球开源软件价值体系中的关键力量。目前，华为围绕操作系统、数据库、AI 框架等技术，建设了 openEuler、openGauss 和 MindSpore 三大开源社区，已初具规模并充满活力。

全力推进开源文化和人才培育。华为与中国教育部合作，共同建设"智能基座"产教融合协同育人基地，已经与 72 所高校开展了合作，累计开设课程 1000 多门，培养教师 1500 多名，并计划 5 年培养 300 万名高校开发者。此外，为更好地汇聚产业创新力量，华为联合北京、广州、深圳、成都、武汉、南京全国 6 大城市、协同 8 家操作系统的合作伙伴共同启动首批"欧拉生态创新中心"。其以覆盖服务器、云计算、边缘计算、嵌入式等全场景的能力优势，提供生态适配、人才培养、联合创新、产业集聚、社区共建等 5 大类生态服务，助力区域产业数字化转型，推动区域数字经济发展。

深度参与国际开源生态贡献。华为是全球主流的开源产业组织的积极参与者和支持者，目前是 Apache 基金会、Eclipse 基金会、Linux 基金会、开放原子开源基金会、OIF 基金会等数十个国际开源基金会的顶级成员或初创成员，并服务数十个董事席位，以及数百个 TSC、PMC、PTL、Maintainer、Core Committer 席位。

2022 年，华为开源新开源了 79 个项目，版本数量超过 60 个，社区用户数量超过 687 万人，社区贡献者超过 3.6 万人，Star 数超过 6.5 万，下载量超过 828.6 万，输出高质量技术文章超过 1000 篇，参与开源产业活动超过 100 场，而华为自办社区活动就超过 170 场，旨在以领先技术回馈社区，和开发者共同成长。2023 年 1 月，华为开源成功入选 2022 中国技术品牌影响力企业榜 30 强。在代表性开源人物方面，2022 年 7 月，华为首席开源联络官、开源与开发者产业发展副总裁任旭东在第十七届开源中国开源世界高峰论坛上被评选为 2022 中国开源杰出贡献人物。2023 年 1 月，华为有 4 人入选"2022 中国开源先锋 33 人榜单"。

二、阿里巴巴

（一）发展情况

阿里巴巴集团成立于 1999 年，致力于为商家、品牌、企业提供基础技术服务和商业营销平台，帮助他们通过数字技术实现高效经营。20 多年来，阿里巴巴以"让天下没有难做的生意"为使命，由一家电子商务公司彻底蜕变为以技术为驱动，包含数字商业、金融科技、智慧物流、云计算、本地生活、文化娱乐等场景的数字经济体，服务数以亿计的消费者和数千万的中小企业。2022 年，阿里巴巴服务的年度活跃消费者约为 13.1 亿，其中超过 10 亿消费者来自中国，3.05 亿消费者来自海外。2022 年 8 月，InfoQ 最新发布的《中国开源发展研究分析 2022》研究报告中显示，阿里巴巴的开源贡献在 Top10 榜单中再次名列第一，其中阿里 11 大开源项目上榜中国开源项目 top30 榜单，超过榜单总数的 1/3。

（二）发展策略

阿里巴巴的开源经历了使用、贡献、开拓三个阶段。阿里巴巴在创业早期就大量使用开源软件，技术的发展根植于开源的沃土。当阿里巴巴在大规模互联网系统和云的研发中开始积累越来越多的技术经验、解决越来越新的问题之后，也积极将自己的实践经验以开源软件的形态回馈社区。

阿里巴巴开源的动力来自三个层面。第一个层面是阿里巴巴本身就是开源软件的使用者，在使用开源的过程中，公司内部就有一些依托于实际场景对开源的补充性产品，阿里巴巴往往会直接将这类产品回馈社区。第二个层面是阿里的技术团队，当公司有技术品牌和团队影响力方面的诉求时，在不影响公司核心技术优势的基础上，开源是一个非常好的与其他程序员交流的媒介。第三个层面是公司战略的需要，开源有免费与开放两个优势，因此在一些特定领域，阿里巴巴会选择使用开源的方式，让客户更好、更快地接受阿里巴巴的一些关键组件，以便于公司核心商业生态的建设。

2006 年至 2023 年，阿里巴巴已经开源超过 3000 个项目，重点开源项目包括 Apache Dubbo、Apache RocketMQ、Nacos 等。由阿里巴巴捐赠并持续维护的 Apache RocektMQ、Apache Dubbo 均为 Apache 基金会的顶级开源项目，Dragonfly 项目成为 CNCF 基金会孵化项目，拥有庞大的社区开发者和用户群体。此外，阿里巴巴还培养了 Flink 全球社区四分之一的 Committer。

阿里巴巴深度参与国内外顶级开源基金会及组织，包括开放原子开源基金会、Linux 基金会、CNCF 基金会、Apache 软件基金会、开放容器组织（OCI）等，还是 Linux、MySQL、Redis、JVM、Kubernetes、Containerd、Apache Flink、Envoy 等知名开源项目的贡献者和维护者。

在国内，阿里巴巴联合统信、龙芯、飞腾、兆芯、联通、电信云、移动云等单位，于 2020 年 9 月共同发起并成立了龙蜥开源社区（OpenAnolis），旨在打造一个操作系统核心技术及生态创新平台。龙蜥开源社区集合了云平台、专业操作系统厂商、电信网络、芯片公司等生态合作伙伴，共同推进软硬件及应用生态的创新发展。截至 2022 年 11 月，龙蜥开源社区的开源服务器操作系统 Anolis OS 已有过 300 万装机量和 230 万下载量，累计服务 30 万用户，联合产业链上下游近 250 家合作伙伴共建开源操作系统生态。

三、腾讯

（一）发展情况

腾讯是一家世界领先的互联网科技公司，成立于 1998 年，总部位于中国深圳。公司一直秉承科技向善的宗旨，为全球用户带来丰富的互动娱乐体验。腾讯还提供云计算、广告、金融科技等一系列企业服务，支持合作伙伴实现数字化转型，促进业务发展。2004 年，腾讯于香港联合交易所上市。目前，公司共包含企业发展事业群、云与智慧产业事业群、互动娱乐事业群、平台与内容事业群、技术工程事业群、微信事业群等六大事业群。

（二）发展策略

积极参与开源贡献。腾讯是 Github 全球企业开源贡献榜中 TOP10 的企业，开源了超过 160 个项目，覆盖微信、腾讯云、腾讯游戏、腾讯 AI、腾讯安全等相关领域，累计获得超过 41 万开发者的关注，受到国内和国际用户的肯定。腾讯积极推动 TencentOS 内核开源，向全球开发者全面开放近十年的技术积累。2022 年 6 月 22 日，腾讯推出的开源操作系统 OpenCloudOS 正式发布首个源社区（L1）项目及首个全量软件包（L3）版本，并首度披露其技术研发路线图。至此，OpenCloudOS 成为了具备全链路自研的服务器操作系统，既能为国内企业提供安全稳定的上游版本，也能提供满足企业级稳定

性需求的软件供应版本。在社区贡献方面，腾讯持续贡献着超过 30 个主流开源社区，并在 9 个国际开源项目贡献中处于主导地位。此外，腾讯还连续五年入围全球企业 KVM 开源贡献榜。

深度参与生态共建。作为开放原子开源基金会的发起人之一，腾讯与开放原子开源基金会的合作不断加强，腾讯将三大核心技术板块——物联网操作系统 TencentOS Tiny、企业级容器编排引擎 TKEStack 全部捐赠给了开放原子开源基金会，云原生操作系统 OpenCloudOS 已经通过 TOC 准入评审。此外，腾讯云还创立了腾源会，致力于帮助开源项目健康成长，为开源爱好者提供交流协助的空间，也让开源领导者发挥出领袖价值，促进全球开源生态的繁荣。

政　策　篇

第三十四章

《"十四五"软件和信息技术服务业发展规划》

一、政策背景

　　软件是新一代信息技术的灵魂,是数字经济发展的基础,是制造强国、质量强国、网络强国、数字中国建设的关键支撑。软件拓展了数字化发展的新空间,驱动新一代信息技术的迭代创新,作为信息技术的关键载体和产业融合的关键纽带,发展软件和信息技术服务业对于加快建设现代产业体系具有重要意义。"十四五"时期是我国开启全面建设社会主义现代化国家新征程的第一个五年,在全球新一轮科技革命和产业变革的新发展态势下,软件和信息技术服务业迎来了新的发展机遇。为贯彻落实国家软件发展战略和《关于深化新一代信息技术与制造业融合发展的指导意见》等部署,按照《中华人民共和国国民经济和社会发展第十四个五年规划和 2035 年远景目标纲要》总体要求编制《"十四五"软件和信息技术服务业发展规划》(以下简称《规划》)。

二、主要内容

　　《规划》明确提出到 2025 年软件和信息技术服务业的"四新"发展目标,即产业基础实现新提升、产业链达到新水平、生态培育获得新发展、产业发展取得新成效。

　　《规划》总共包括五个部分,设置了"5 个主要任务、8 个专项行动、5 个保障措施",其中围绕软件产业链、产业基础、创新能力、需求牵引、产业生态部署 5 项主要任务。为保障《规划》的各项任务顺利推进,《规划》

设置了关键基础软件补短板、新兴平台软件锻长板、信息技术服务应用示范、产业基础能力提升、"软件定义"创新应用培育、工业技术软件化推广、开源生态培育和软件产业高水平集聚 8 个专项行动，以及健全组织实施机制、加大财政金融支持、打造一流人才队伍、强化安全服务保障、深化国际开放合作 5 项保障措施。

《规划》在回顾"十三五"时期软件和信息技术服务业的发展成果之上，提出了到 2025 年的总体目标。一是产业基础实现新提升。预计在"十四五"期间制定 125 项重点领域国家标准，在软件内核、开发框架等软件基础组件供给方面取得重大突破。二是产业链达到新水平。着力提升基础软件、工业软件等关键软件的供给能力，充分发挥关键软件在制造业数字化转型中的重要作用，到 2025 年，工业 App 突破 100 万个。三是生态培育获得新发展。除继续培育软件产业骨干企业的基础外，开源社区、软件名园成为"十四五"时期软件产业生态发展的重要支撑。四是产业发展取得新成效。到 2025 年，规模以上企业软件业务收入突破 14 万亿元，年均增长 12%以上，全面提升软件产业规模实力，合理安排产业结构。

《规划》明确了总体任务。一是推动软件产业链升级。在软件产业链方面，加速"补短板、锻长板、优服务"，夯实、强化产业链上游基础软件实力，如开发环境、工具等；提升产业链中游的软件水平，如工业软件、应用软件、平台软件、嵌入式软件等；增加产业链下游信息技术服务产品供给，全面提升软件产业链现代化水平。在基础软件方面，推动操作系统与数据库、中间件等国产软件的研发及应用推广；在工业软件方面，研发推广计算机辅助设计、仿真、计算等工具软件，面向数控机床、集成电路、航空航天装备、船舶等重大技术装备以及新能源和智能网联汽车等重点领域需求，发展行业专用工业软件，全面提升产业数字化能力；在应用软件方面，面向金融、建筑、能源、交通等重点行业领域应用需求，加快实现数字金融、智慧能源管理、智能交通管理、智能办公等应用软件；在新兴平台软件方面，围绕云计算、大数据、人工智能、5G、区块链、工业互联网等重点数字经济领域培育产品，加快第六代移动通信（6G）、量子信息、卫星互联网、类脑智能等前沿领域软件技术研发。《规划》还在嵌入式软件、信息技术服务等方面提出了展望，《规划》一方面对产业链上中下游相关软件研发、创新提出了新要求，另一方面基于我国产业数字化场景，对制造业、建筑业、交通运输业、金融服务业等多个产业软件应用谋篇布局。

二是提升产业基础保障水平。《规划》强调了产业发展基础的共性技术、基础资源库、基础组件等，强化质量标准、价值评估、知识产权等基础保障能力，推动资源开放共享，保证软件开发基础夯实，并以质量标准、价值评估知识产权保护，保障软件高质量发展。

三是强化产业创新发展能力。《规划》提出了以产学研用协同创新的创新联动体系，围绕创新模式、创新平台、创新机制、创新运营服务等多个方面壮大创新力量。

四是激发数字化发展新需求。《规划》将软件产业与生产、分配、流通、消费各个环节深度融合，加快推进数字化发展，全面推进软件重大应用，重点支撑制造业数字化转型，在普惠金融、物流、交通、建筑、农业、智慧城市等数字化发展的重点领域中发挥作用，扩大升级信息消费领域。

五是完善协同共享产业生态。《规划》在培育壮大市场主体，加快繁荣开源生态，提高产业集聚水平等方面提出了新要求，着力在"十四五"时期形成多元、开放、共赢、可持续的产业生态。

《规划》在关键软件、开源生态、产业融合方面提出了新的要求。一方面，明确了"十四五"时期关键软件在产业中的重要地位，关键软件成为制约中国产业升级和软件产业高质量发展的障碍，我国仍面对"卡脖子"关键难题。在"十四五"时期，要着重推进关键软件发展，推动国产应用创新发展，构建国产软件生态。另一方面，"十四五"时期在软件开源生态上也提出了新要求。从培育开源项目、进一步提升开源社区建设、提升开源治理能力多方入手，营造软件开源良好生态。

第三十五章

《中共中央 国务院关于加快建设全国统一大市场的意见》

一、政策背景

近年来，全国统一大市场建设工作取得重要进展，统一大市场规模效应不断显现，基础制度不断完善，市场设施加快联通，要素市场建设迈出重要步伐，建设统一大市场的共识不断凝聚，公平竞争理念深入人心。但也要看到，实践中还有一些妨碍全国统一大市场建设的问题，如市场分割和地方保护比较突出，要素和资源市场建设不完善，商品和服务市场质量体系尚不健全，市场监管规则、标准和程序不统一，超大规模市场对技术创新、产业升级的作用发挥还不充分等。落实构建新发展格局的战略部署，必然要求加快建设全国统一大市场，畅通全国大循环。党中央、国务院印发《中共中央 国务院关于加快建设全国统一大市场的意见》（以下简称《意见》）。从全局和战略高度明确了加快推进全国统一大市场建设的总体要求、主要目标和重点任务，为今后一个时期建设全国统一大市场提供了行动纲领。这必将对新形势下深化改革开放，更好地利用发挥、巩固增强我国市场资源的巨大优势，全面推动我国市场由大到强转变产生重要影响。

二、主要内容

《意见》提出建设全国统一大市场是构建新发展格局的基础支撑和内在要求。一是加快建设全国统一大市场是构建新发展格局的基础支撑。二是加快建设全国统一大市场是构建高水平社会主义市场经济体制的内在要求。三是加快建设全国统一大市场是实现科技自立自强，推进产业升级的现实需要。四是加快建设全国统一大市场是参与国际竞争的重要依托。五是加快建设全国统一大市场是释放市场潜力、激发发展动力、促进经济平稳运行的重要举措。

《意见》主要内容包括推进统一大市场建设的总体要求、工作原则和主要目标。

在总体要求方面，要加快建立全国统一的市场制度规则，打破地方保护和市场分割，打通制约经济循环的关键堵点，促进商品要素资源在更大范围内畅通流动，加快建设高效规范、公平竞争、充分开放的全国统一大市场。

在工作原则方面，一是立足内需，畅通循环。以高质量供给创造和引领需求，使生产、分配、流通、消费各环节更加畅通。二是立破并举，完善制度。从制度建设着眼，明确阶段性目标要求，推进统一市场建设。加快清理和废除妨碍统一市场和公平竞争的各种规定和做法。三是有效市场，有为政府。充分发挥市场在资源配置中的决定性作用，更好发挥政府作用，以统一大市场集聚资源、推动增长、激励创新、优化分工、促进竞争。四是系统协同，稳妥推进。科学把握市场规模、结构、组织、空间、环境和机制建设的步骤与进度，坚持放管结合、放管并重，提升政府监管效能。

在主要目标方面，一是持续推动国内市场高效畅通和规模拓展。二是加快营造稳定公平透明可预期的营商环境。三是进一步降低市场交易成本。四是促进科技创新和产业升级。五是培育参与国际竞争合作新优势。

《意见》在推动建设全国统一大市场方面，从"立"和"破"两个角度明确了重点任务。

从立的角度，意见明确要抓好"五统一"。一是强化市场基础制度规则统一，推动完善统一的产权保护制度，实行统一的市场准入制度，维护统一的公平竞争制度，健全统一的社会信用制度。二是推进市场设施高标准联通，以升级流通网络、畅通信息交互、丰富平台功能为抓手，着力提高市场运行效率。三是打造统一的要素和资源市场，推动建立健全统一的土地和劳动力市场、资本市场、技术和数据市场、能源市场、生态环境市场。四是推进商品和服务市场高水平统一，以人民群众关心、市场主体关切的领域为重点，着力完善质量和标准体系。五是推进市场监管公平统一，以增强监管的稳定性和可预期性为保障，着力提升监管效能。

从破的角度，明确要进一步规范不当的市场竞争和市场干预行为。《意见》从着力强化反垄断、依法查处不正当竞争行为、破除地方保护和区域壁垒、清理废除妨碍依法平等准入和退出的规定做法、持续清理招标采购领域违反统一市场建设的规定和做法等五方面作出明确部署，旨在打破各种制约全国统一大市场建设的显性、隐性壁垒。

第三十六章

《关于加强数字政府建设的指导意见》

一、政策背景

　　加强数字政府建设是适应新一轮科技革命和产业变革趋势、引领驱动数字经济发展和数字社会建设、营造良好数字生态、加快数字化发展的必然要求；是建设网络强国、数字中国的基础性和先导性工程；是创新政府治理理念和方式、形成数字治理新格局、推进国家治理体系和治理能力现代化的重要举措，对加快转变政府职能，建设法治政府、廉洁政府和服务型政府意义重大。为贯彻落实党中央、国务院关于加强数字政府建设的重大决策部署，提出《关于加强数字政府建设的指导意见》。

二、主要内容

　　国务院印发《关于加强数字政府建设的指导意见》（以下简称《指导意见》），就主动顺应经济社会数字化转型趋势，充分释放数字化发展红利，全面开创数字政府建设新局面作出部署。《指导意见》要求，要高举中国特色社会主义伟大旗帜，坚持以习近平新时代中国特色社会主义思想为指导，全面贯彻党的十九大和十九届历次全会精神，深入贯彻习近平总书记关于网络强国的重要思想；认真落实党中央、国务院决策部署，将数字技术广泛应用于政府管理服务；推进政府治理流程优化、模式创新和履职能力提升，构建数字化、智能化的政府运行新形态；充分发挥数字政府建设对数字经济、数字社会、数字生态的引领作用，促进经济社会高质量发展，不断增强人民群众的获得感、幸福感、安全感，为推进国家治理体系和治理能力现代化提供有力支撑。

《指导意见》提出了两阶段工作目标，到 2025 年，与政府治理能力现代化相适应的数字政府顶层设计更加完善、统筹协调机制更加健全，政府履职数字化、智能化水平显著提升，政府决策科学化、社会治理精准化、公共服务高效化取得重要进展，数字政府建设在服务党和国家重大战略、促进经济社会高质量发展、建设人民满意的服务型政府等方面发挥重要作用。到 2035 年，与国家治理体系和治理能力现代化相适应的数字政府体系框架更加成熟完备，整体协同、敏捷高效、智能精准、开放透明、公平普惠的数字政府基本建成，为基本实现社会主义现代化提供有力支撑。

《指导意见》明确了数字政府建设在七个方面的重点任务。

在构建协同高效的政府数字化履职能力体系方面，通过全面推进政府履职和政务运行数字化转型，强化经济运行大数据监测分析，大力推行智慧监管，积极推动数字化治理模式创新，持续优化利企便民数字化服务，强化生态环境动态感知和立体防控，加快推进数字机关建设，推进政务公开平台智能集约发展，创新行政管理和服务方式，全面提升政府履职效能。

在构建数字政府全方位安全保障体系方面，强化安全管理责任，落实安全制度要求，提升安全保障能力，提高自主可控水平，筑牢数字政府建设安全防线。

在构建科学规范的数字政府建设制度规则体系方面，以数字化改革助力政府职能转变，创新数字政府建设管理机制，完善法律法规制度，健全标准规范，开展试点示范，保障数字政府建设和运行整体协同、智能高效、平稳有序。

在构建开放共享的数据资源体系方面，创新数据管理机制，深化数据高效共享，促进数据有序开发利用，充分释放数据要素价值。

在构建智能集约的平台支撑体系方面，整合构建结构合理、智能集约的平台支撑体系，强化政务云平台、网络平台及重点共性应用支撑能力，全面夯实数字政府建设根基。

在以数字政府建设全面引领驱动数字化发展方面，通过持续增强数字政府效能，更好激发数字经济活力，优化数字社会环境，营造良好数字生态。

在加强党对数字政府建设工作的领导方面，加强党中央对数字政府建设工作的集中统一领导，健全推进机制，提升数字素养，强化考核评估，把党的政治优势、组织优势转化为数字政府建设的强大动力和坚强保障，确保数字政府建设重大决策部署贯彻落实。

第三十七章

《关于加强和改进工业和信息化人才队伍建设的实施意见》

一、政策背景

为深入贯彻中央人才工作会议精神，落实《国家"十四五"期间人才发展规划》等文件要求，切实为工业和信息化高质量发展提供有力的人才保障，工业和信息化部印发《关于加强和改进工业和信息化人才队伍建设的实施意见》（以下简称《实施意见》）。

二、主要内容

建设目标方面，《实施意见》提出坚持以习近平新时代中国特色社会主义思想为指导，全面贯彻习近平总书记关于做好新时代人才工作的重要思想，坚持党管人才、高端引领、产才融合、改革创新，以锻造重点人才队伍为主攻方向，以实施重大人才项目计划为抓手，全方位培养、引进和用好人才，支撑和引领工业和信息化高质量发展。

《实施意见》指出从以下五个方面加强重点人才队伍的建设。一是建设战略科学家梯队。立足工业和信息化重点领域，坚持实践标准，从国家重大项目担纲领衔专家中推荐一批战略科学家人选。二是支持一流科技领军人才和创新团队加快成长。发挥科技领军企业、部属高校、部属科研院所等作用，组织产学研协同攻关，在人才梯队配套、科研条件配套、管理机制配套方面给予特殊政策，加快关键核心技术突破。三是培育青年科技人才后备力量。

组织实施工信青年科技服务团项目，引导优秀青年科技人才向重点企业流动；在重大项目资源分配等方面予以倾斜性支持，支持青年科技人才挑大梁、当主角；加强和改进部系统高级职称评审工作，提高 40 周岁以下青年入选比例；提高部系统博士后流动（工作）站建设质量；引导和支持用人单位在薪酬待遇、住房、子女入学等方面加大支持力度。四是壮大高素质技术技能人才队伍。组织实施卓越工程师薪火计划，着力建设一支爱党报国、敬业奉献，具有突出技术创新能力、善于解决复杂工程问题的工程师队伍；鼓励开发工业和信息化领域新职业的国家职业技术技能标准，推动技术技能人才培养标准体系建设；面向工业和信息化重点领域，开展大规模职业技能培训。五是加强企业经营管理人才队伍建设。继续实施企业经营管理人才素质提升工程，深入推进中小企业经营管理领军人才培训项目，支持培训资源向产业链"链主"企业、制造业单项冠军企业、专精特新"小巨人"企业、专精特新中小企业等优质企业倾斜。

在提高部属高校人才培养能力方面，《实施意见》提出：一是要强化学科建设。指导部属高校落实学科建设规划，形成制造强国和网络强国主干学科专业交叉融合、协同创新的良好学科生态；优化基础学科资源配置，提升基础学科建设条件和发展环境；支持建设一批能够承载高水平人才的学科交叉发展平台。二是深化人才培养产教融合。支持部属高校优化实施强基计划和基础学科拔尖学生培养计划，加强基础和关键领域人才培养，建设一批有影响力的精品课程和教材；创新卓越工程师培养模式，形成一批卓越工程师培养平台，遴选一批校企协同育人示范基地；支持建好未来技术学院、创新创业学院等产教融合人才培养新平台，探索建设若干人才培养特区和试验区；加强创新创业平台建设，打造一批高水平创业创新示范基地；推动设立一批高水平国际联合培养办学机构和项目，营造国际化育人环境。

《实施意见》提出要深化人才发展体制机制改革，促成创新人才评价机制、改进人才使用机制、健全人才激励机制和优化人才流动机制。同时加强组织保障措施，健全人才工作组织体系、夯实人才工作基础和强化实施效果评估。

第三十八章

《中国软件名城（园）管理办法》

一、政策背景

为贯彻落实党的二十大精神，适应新时期我国软件和信息技术服务业高质量发展新要求，进一步规范名城、名园管理工作，引导名城建设由产业规模导向转为高质量发展导向，引导软件园区高水平建设名园，更好发挥名城、名园示范带动作用，按照中共中央办公厅、国务院办公厅《创建示范活动管理办法（试行）》（以下简称《管理办法》）要求，修订了《名城办法》，制定了《名园办法》。

二、主要内容

《管理办法》整体思路方面，中国软件名城、名园管理工作以习近平新时代中国特色社会主义思想为指导，遵循"围绕一条主线、抓实一个重点、做好以评促建"的工作思路，即坚持以贯彻落实国家软件发展战略为主线，突出抓好关键软件供给能力和应用水平提升，建立"创建评审+动态管理"工作体系，并依照透明、规范的程序进行。名城管理坚持部省市协同联动，以"统筹规划、联合推进、突出特色、务求实效、发展创新、动态调整"为原则，着重落实"四个任务"，即引导城市优政策、固基础、促集聚、育生态。名园管理以"统筹布局、协同推进、突出特色、应用牵引、动态调整"为原则，着重推进"四个转型"，即引导软件园区向特色化、专业化、品牌化、高端化转型。通过发挥名城、名园的标杆引领作用，不断推动我国软件和信息技术服务业做强做优做大。

《管理办法》在申报条件方面做出了明确要求。申请创建中国软件名城的城市需为地级及以上城市。同时需具备以下条件，一是软件和信息技术服务业基础良好、规模较大、发展潜力较强，对国民经济的贡献程度较高，拥有若干全国知名度较高的骨干软件企业和若干全国市场占有率较高的软件产品，创新能力较强，产业特色鲜明、生态较好；二是软件和信息技术服务业带动效应明显，对拉动经济增长、促进就业、加速传统行业数字化转型，以及提升城市管理和社会服务水平具有重要支撑作用，对城市文化塑造及品牌提升具有积极影响；三是产业政策支持力度较大，具有较为丰富的教育、科技、人才等资源条件和良好的城市人文环境，具有较为完善的适合软件和信息技术服务业集聚发展的物理载体环境，产业基地园区、公共服务平台等建设情况良好。此外，申请城市及所属省级人民政府要对发展软件和信息技术服务业高度重视，并积极主动开展名城创建工作。

申请创建中国软件名园的软件园区须成立 2 年以上，具有独立的建设和管理机构，管理制度健全，发展规划明确，地域边界清晰，基础设施良好。同时需具备以下条件，一是软件和信息技术服务业集聚度较高，业务收入规模、增速的比较优势明显；二是具有一定的产业特色，拥有若干知名软件企业和产品，对城市主导产业发展具有较强的应用支撑能力；三是在服务软件企业方面，拥有较为完善的政策体系和公共服务平台，能够提供适配验证、体验推广、企业孵化、投资融资、法律服务、人才培训等公共服务。此外，软件园区所属地市级人民政府要对软件和信息技术服务业发展高度重视，并积极主动开展名园工作。

《管理办法》提出中国软件名城、名园创建优先支持的对象包括：中国软件名城支持工业稳增长和转型升级成效明显市（州）、建设信息基础设施和推进产业数字化成效明显市（州）等，以及拥有 2 家及以上中国软件名园的城市优先创建。

中国软件名园支持中国软件名城、工业稳增长和转型升级成效明显市（州）、建设信息基础设施和推进产业数字化成效明显市（州），以及国家新型工业化产业示范基地等的软件园区优先创建。

《管理办法》明确了中国软件名城、名园称号授予均须经过申请、创建、评审授予 3 个阶段。关于中国软件名城，在申请阶段，具备申请条件的城市（直辖市可直接申请，地级市可经所属省级人民政府同意后申请）向工业和信息化部提出申请，并报送所需的申请材料。工业和信息化部对申请材料进行形式审查，对通过形式审查的城市，启动名城创建工作。在创建阶段，创建城市应建立推进机制，积极开展创建工作，并按时向工业和信息化部报送创建工作进展；所属省级人民政府应加强指导协调，整合资源以大力支持，并督促创建城市抓好落实。在评审授予阶段，创建城市开展自评、形成自评报告，认为达到创建标准的，经所属省级人民政府同意后，向工业和信息化部提出评审申请，报送自评报告等评审材料。工业和信息化部审查评审材料，适时组织专家评审组进行评审，形成评审结论。对通过评审的创建城市，在工业和信息化部门户网站公示无异议后，授予"中国软件名城"称号。

关于中国软件名园，在申请阶段，软件园区在所属地市级工业和信息化主管部门组织下，经省级工业和信息化主管部门同意，向工业和信息化部提出申请，报送申请材料。工业和信息化部组织专家和第三方机构对申请材料进行审查，必要时进行实地考察，对通过审查的软件园区，启动名园创建工作。在创建阶段，创建园区应积极开展创建工作，并按时向工业和信息化部报备创建工作进展；所属地市级工业和信息化主管部门应积极争取地市级人民政府支持，会同有关部门建立名园创建指导协调工作机制，整合资源以大力支持，并督促创建园区抓好落实。在评审授予阶段，创建园区开展自评，形成自评报告，认为达到标准的，经所属地市级、省级工业和信息化主管部门审核确认后，向工业和信息化部提出评审申请，报送评审申请表、自评报告等评审材料。工业和信息化部审查评审材料，适时组织专家评审组对创建园区进行评审，形成评审结论。对通过评审的创建园区，在工业和信息化部门户网站公示无异议后，授予"中国软件名园"称号。

《管理办法》提出了中国软件名城、名园如何发展提升的工作任务。一是名城、名园应完善工作机制，制定和实施发展提升计划，明确发展提升方向。持续优化发展环境，做强特色、做大优势，进一步提升集聚发展能力，打造名企、名品、名人，更好发挥示范带动作用。二是名城所属省级人民政府应加大指导协调力度，综合利用政策规划、项目资金、宣传引导等手段，持续给予名城更大力度支持；鼓励名园所属地市级人民政府持续加大投入，组织名园加快发展提升，并以名园为支点积极申请创建名城。三是名园所属省级工信主管部门应定期跟踪本地区中国软件名园的发展情况，加强日常督导和管理，引导优势企业、重点项目、重大工程向中国软件名园集聚。

热　点　篇

第三十九章

"东数西算" 工程正式启动

一、事件回顾

随着数字技术向经济社会各领域持续渗透，算力已成为国民经济发展的重要基础设施，预计每年将以20%以上的速度快速增长。2022年2月，国家发改委、中央网信办、工业和信息化部、国家能源局等四部门联合印发文件，同意在京津冀、长三角、粤港澳大湾区、成渝地区、内蒙古、贵州、甘肃、宁夏等8地启动建设全国一体化算力网络国家枢纽节点，并规划了10个国家数据中心集群。2022年，全国一体化大数据中心体系完成总体设计布局，"东数西算"工程正式全面启动。截至目前，我国数据中心规模已达500万架标准机架，算力达130EFLOPS（每秒13000亿亿次浮点运算）。

二、事件评析

近年来，我国数字经济快速发展，在数据生成、采集、存储、加工、分析等多方面提出更高需求，建设国家数据中心集群是优化算力资源总体布局，强化我国数字经济发展新优势的必要举措。

数据中心在为数字经济发展提供算力支撑时，其能耗水平也在持续攀升，这也从用电、环保等方面给地方提出了考验。我国数字经济产业主要集中在东部地区，算力需求大，但东部地区用地紧张，电力成本高；西部地区绿色能源丰富，用地用能成本较低，但存在网络基础设施欠发达等问题，承接东部算力需求时捉襟见肘。为此，有必要从全国层面进行总体部署，实现东西部地区协调发展。

西部地区建设数据中心，具有天然优势。例如，贵州贵安新区年平均气温为 15℃，华为云数据中心坐落于此。该数据中心利用自然冷风对机房进行降温，有效降低能耗水平。宁夏中卫地处宁夏西电东输的电力能源供应点，用电成本低，已吸引中国移动等多家大型数据中心相继落地。

"东数西算"工程通过调整算力资源分布，可以缓解东部地区能源紧张局面，为人工智能、大数据、云计算等算力需求较高的新兴产业创造更好的发展环境，加快产业集聚。对于西部地区而言，"东数西算"并不只是单纯的数据中心工程建设，同时还会带动相关基础设施建设，吸引东部产业转移，有利于创造就业岗位、提升科技实力、密切区域协作，为地方经济发展注入新活力。

未来，"东数西算"工程也将对数字经济产业结构带来深刻变革。工业互联网、金融科技、视频直播等需要实时数据的行业领域，可能仍会将数据服务集中于东部地区，确保数据传输低时延。而无须实时处理的数据，则将数据发送给西部数据中心，优化运营成本，提升数据处理的总体效率。

第四十章

ChatGPT 的全球访问量达到 17.6 亿次

一、事件回顾

　　2023 年 5 月 10 日消息，据网络流量数据网站 SimilarWeb 统计，OpenAI 旗下 ChatGPT 的全球访问量在 4 月份再创新高，达到 17.6 亿次，超过了必应、DuckDuckGo 等其他国际搜索引擎，达到谷歌访问量的 2% 和百度访问量的 60%。ChatGPT 是 OpenAI 于 2022 年 11 月 30 日推出的一种新型 AI 聊天机器人工具，可根据用户的要求快速生成文章、故事、歌词、散文、笑话，甚至代码，并回答各类问题。它一经发布就在互联网上掀起了一场风暴，并受到包括作家、程序员、营销人员在内的使用者的称赞和欢迎。在发布不到一周的时间里，ChatGPT 就聚集了超过 100 万名用户。推出还不到 2 个月，它的日活量就突破了千万人次。推出仅两个月后，它的月活跃用户就达到了 1 亿人，成为历史上增长最快的消费级应用之一。

二、事件评析

　　ChatGPT 作为算法模型应用具有"承上启下"的作用。对市场和资本来说，它能够为处于增长平台期的互联网时代提供方向和出口，同时又代表了未来元宇宙时代新的服务与生产力工具。2022 年成为人工智能生成内容（AIGC）元年，而 2022 年底推出的 ChatGPT 则是二者层层递进的具象化。人们对于数智时代的模糊印象，开始浓缩于实现个体的需求之中，作为人工智能的消费级应用，ChatGPT 真正实现了人工智能从 ToB 时代迈向 ToC 时代。

ChatGPT 目前可预见的商业前景，将会导致社会新一轮革命性生产力的爆发，以及生产关系的改变。除了 ChatGPT 本身的能力被广泛讨论，随着人工智能技术的不断进步，很多工作和行业将不可避免地受到影响。为了保持行业竞争力，从业者学习人工智能等相关新技能将非常重要。另外，ChatGPT 也会对科技巨头的地位造成影响，对谷歌、百度等传统搜索引擎市场带来巨大冲击。在未来，清晰可见的是谁掌握了更为完善的 AI 技术，谁将在市场中抢得先机。

随着 ChatGPT 的活跃用户数量提升，越来越多的国家担心这项技术带来隐私风险。2023 年 3 月底，意大利个人数据保护局宣布禁止使用 ChatGPT，并限制 OpenAI 处理意大利用户信息。在 OpenAI 解决了意大利个人数据保护局的担忧后，2023 年 4 月 28 日 ChatGPT 才得以重新在意大利上线。虽然目前其他国家尚未采取类似措施，但自 2023 年 3 月份以来，德国、法国和西班牙等国家相继对 ChatGPT 展开调查，如何保护隐私将成为后续 ChatGPT 待解决的核心问题之一。

第四十一章

推特与马斯克达成 440 亿美元收购协议

一、事件回顾

2022 年 4 月 25 日，推特董事会宣布接受收购，特斯拉 CEO 伊隆·马斯克以每股 54.2 美元，总计约 440 亿美元达成收购社交网络公司推特（Twitter Inc）的交易。交易完成后，推特将退市成为一家私人控股公司，这或将成为 20 年来最大的一笔公司私有化交易。2022 年 10 月 27 日，马斯克已完成以 440 亿美元将推特私有化的交易，并已掌管公司。

二、事件评析

马斯克收购推特不仅是出于商业利益或商业目的，而是出于政治目的。美国企业家大多数在企业成功之后谋求政治地位上的认可，进入内阁或成为议员的企业家不在少数，其中，最典型的例子就是特朗普。推特不会纳入马斯克的业务版图，而是继续以社交业务为主。未来，这对于特斯拉的外部舆论评价来说将会有很大改善，这也符合马斯克的商业利益。关于此次交易，推特方面虽然有业绩数据因素的考虑，但推特和马斯克主要还是在舆论观念导向上形成共识。因为此次收购可能影响未来数年欧美的互联网舆论生态，其重要程度超越了金钱上的得失，所以这笔交易的主要驱动力是双方在一些问题上达成一致看法。

未来马斯克的科技帝国将会在全球数字地缘格局中处于中心位置，越来越多的国际政治和国际安全问题会与其牵扯上关系。甚至在很多情况下，其本身就是风险的来源。在这种情况下，马斯克毅然出手收购推特，其结果还很难评判。对于各国政府而言，马斯克收购推特后，未来科技帝国与主权国家在数字空间上的争夺会更加激烈。马斯克构建的科技帝国所拥有的实力是否会改变主权国家与数字科技企业之间博弈的天平还有待观察。马斯克所构建的科技帝国是代表了人类未来的发展方向，还是会加速数字地缘政治冲突，这些都仍是未知数。

另外，马斯克收购推特，绝不单纯是以盈利为导向的商业行为，更多彰显了其在互联网舆论塑造、数字生态秩序构建方面的野心。目前推特已在西方网络生活中具有举足轻重的地位，若其运行方式、监管理念在收购后出现大幅调整，平台上各类自由言论与多元价值观势必产生更多碰撞，将给西方舆论风向带来更多不确定因素。同时，马斯克对未来数字生态发展秩序的影响力也有望随着本次收购而进一步提升。事实上，从其商业版图中不难发现，马斯克一直在数字生活方式与数字生态秩序打造上有所动作。其中，搭载了自动驾驶技术与车载操作系统的特斯拉汽车，未来有望随着新能源车的广泛普及，成为继计算机、手机以后又一新的主流计算平台，承担着互联网入口的作用；SpaceX 公司重点发展的"星链"项目，有望通过卫星通信网络为人类搭建新的信息传输通道；而在本次收购推特后，一个完全依托开放数字技术的、供大众在数字空间中集会的"数字城镇广场"有望形成，未来，这将对人们的数字化生活方式、数字生态发展秩序产生更多深远影响。

第四十二章

白宫与开源组织、科技巨头共同推动 1.5 亿美元开源软件保护计划

一、事件回顾

2022 年 1 月 13 日，因 Log4j 开源软件漏洞问题，美国白宫举行开源软件安全峰会，与微软、谷歌、亚马逊、苹果等多家科技企业及 Apache 软件基金会、Linux 开源基金会等开源组织集中讨论开源软件安全三大主题，即防止代码和开源包中的安全缺陷和漏洞、改进发现缺陷和修复的过程、缩短发布和实施修复程序的响应时间。

2022 年 5 月 12 日，Linux 基金会和开源安全基金会（OpenSSF）再次举行开源软件安全峰会，与会者来自微软、谷歌、英特尔、戴尔等 37 家科技巨头，以及美国白宫、美国国家安全委员会（NSC）、美国网络安全和基础设施安全局（CISA）、美国国家标准与技术研究院（NIST）、美国国家网络总监办公室（ONDC）、美国国防部（DOD）、美国行政管理和预算局（OMB）等政府机构，确立开源软件的十大目标，即安全教育、风险评估、数字签名、内存安全、事件响应、更好地扫描、代码审核、数据共享、软件物料清单、改进供应链。

两次峰会举办之后，《开源软件安全动员计划白皮书》正式发布，计划 2022 年投入经费 6840 万美元，2023 年投入 7950 万美元，合计近 1.5 亿美元。

二、事件评析

当前我国各级政府、企业及个人认识开源、拥抱开源、参与开源的积极性不断提升，我国开源软件发展也正式步入"加速期"。2022 年，以广州、杭州、北京等软件名城为代表的部分地区已率先发布开源软件相关政策，积极谋划开源发展，鼓励开源项目、开源平台、开源社区、开源基金会等建设。另外，我国有超过 85%的企业正在使用开源技术，如字节跳动等科技公司已组建开源委员会或开源管理办公室。整体上，我国开源生态不断繁荣，开源软件呈现稳中向好的发展态势。

随着开源软件成为全球软件供应链中的重要环节，安全漏洞风险等开源安全问题也日益受到关注，主要国家和地区纷纷投入资源，以保障开源软件供应链安全。除美国的近 1.5 亿美元开源软件保护计划之外，欧盟也为 LibreOffice、Mastodon、Odoo、Cryptopad、LEOS 等五项开源项目提供的开源漏洞赏金计划的奖金池高达 20 万欧元，其中加强了对漏洞修复的激励，以最大程度发现并修复开源软件漏洞。

我国在积极拥抱开源的同时，应注重提升开源供应链的安全保障能力。研究制定开源安全治理相关标准，提升软件开发工具与开发环境的安全保障能力，加大对开源组件和其他第三方来源组件的安全管控。面向重点行业领域加强开源应用指导，完善开源漏洞报送与预警机制，收集建立常用开源项目与组件库，为国内开发者提供安全可信的开源软件获取渠道。推动开源精神全球传播，在国际开源社区主动发声，支持开源软件无国界、无政治，反对开源受政府管制影响，倡导企业开源项目实行多平台备份托管。

第四十三章

《中国大数据区域发展水平评估报告（2022 年）》发布

一、事件回顾

2022 年 8 月 4 日，赛迪研究院信息化与软件产业研究所正式发布《中国大数据区域发展水平评估报告（2022 年）》。报告聚焦基础环境、产业发展、融合应用三个关键维度，选取相关典型指标，以全国 31 个省市自治区为研究对象，对各省市大数据政策体系、产业基础、产业链、生态体系等的发展情况进行了评估和深入对比分析。同时，报告基于评估分析，提出了我国区域大数据发展的策略取向，为产业部门提供决策参考。

二、事件评析

《"十四五"大数据产业发展规划》提出了五大发展目标、六项重点任务、六个专项行动和六项保障措施，对未来五年我国大数据产业发展作出了系统性谋划。为切实保障规划得到有效贯彻落实，有必要摸清我国不同地区大数据发展状况。此次赛迪研究院发布《中国大数据区域发展水平评估报告（2022年）》恰逢其时。

报告聚焦基础环境、产业发展、融合应用三个关键维度，构建起包括 3 个一级指标、13 个二级指标、50 多个三级指标的中国大数据区域发展水平评估指标体系。在指标设置上，一方面体现了延续性、稳定性，又结合大数据发展新特点进行了优化调整，确保既从主体方向上体现大数据发展的持续性和可比性，又从细分领域引导大数据发展新方向和新路径。

从评估结果来看，东南沿海地区在环境建设、产业发展、融合应用方面全面发力，形成大数据发展整体优势，综合实力领跑全国。第二梯队地区加强政策引导和应用牵引，打造特色化发展路径。广东、北京、江苏等省市位列前三名，体现出集聚优势。地方对大数据支持力度持续加码，除强化基础设施建设外，多地也在积极优化政策环境与组织保障。统计数据显示，有41.94%的省市设立首席数据官，有38.17%的省市大数据产业发展由一把手领导负责。贵州、湖北、江苏、山西、陕西 5 省发布了本省"十四五"大数据发展专项规划。根据报告内容可以看出，大数据与各行业领域的融合趋势显著增强，政务应用、工业应用、重点行业应用、民生应用快速发展。北上广和江浙地区大数据融合应用水平位居前列。福建、河南在重点行业应用方面成效显著，湖南、湖北、四川、河北 4 省在民生应用方面进展明显。

我国大数据产业面临良好的发展机遇，各地需要进一步加强资源集聚，塑造产业优势。一方面，要聚力构建数据资源体系、加速大数据产品服务创新，深化大数据融合应用，进一步赋能数字经济发展升级。另一方面，要做强做优做大数字经济，为大数据产业创造更大的发展空间。同时，还需要推动政产学研用协同联动，普及推广数据管理能力成熟度国家标准（DCMM），试点探索工业数据空间等行业数据流通新模式，促进行业企业深度挖掘数据要素价值，赋能数字化转型发展，提升行业价值链水平。

第四十四章

《政府工作报告》为我国数字经济发展指明方向

一、事件回顾

2023 年 3 月 5 日,李克强代表国务院在十四届全国人大一次会议上作《政府工作报告》。报告指出,我国数字经济不断壮大,新产业新业态新模式增加值占国内生产总值的比重达到 17% 以上。对于今后的重点工作,报告提出,加快传统产业和中小企业数字化转型,着力提升高端化、智能化、绿色化水平。加快前沿技术研发和应用推广,促进科技成果转化。建设高效顺畅的物流体系。大力发展数字经济,提升常态化监管水平,支持平台经济发展。

二、事件评析

2022 年《政府工作报告》在政府工作任务部分提到,促进数字经济发展,加强数字中国建设整体布局。

从"促进"到"大力",一词之差,背后折射出的是我国对数字经济发展支持力度、支持方式有了显著变化,数字经济将迎来更广阔的发展空间,总量规模提升、产业结构优化、生态体系建设将进一步提速。人才、资金、数据等各类要素将加速向数字经济领域集聚,提升数字经济领域的创新活跃度,加快数字技术创新、数字化产品和服务创新、数字经济业态和模式创新,构建良性的创新生态体系。

放眼未来,数字经济和实体经济深度融合(简称数实融合)将成为我国数字经济发展中的重要议题。随着数字技术加速创新、快速迭代、群体突破，信息化和工业化融合从起步建设，到制造业与互联网的深度融合，再到新一代信息技术与制造业的融合发展，"由点成线、由线及面"向更大范围、更广领域和更深层次迈进，逐步进入以数实融合为核心特征和重要模式的新阶段。

数实融合中，资源配置、市场交易等关键环节正在被数字生产力改造，生产、交换、分配、消费等发生根本性变化，外部经济、范围经济、绿色经济等特征更加明显。数字技术与产业技术、工艺、知识、流程等要素的深度融合，将深刻改变传统行业的链条环节、业务形态和服务模式，催生出新的消费理念、商业活动和价值空间。数实融合将从智能化生产、网络化协同、个性化定制等方面有力加速产业数字化转型。同时，数实融合对于推动产业绿色化发展也有重要意义。实体经济可以运用数字技术提高产业资源、能源的使用效率，使产品设计、生产、运维等不同阶段对环境的负面影响最小化，从而促进产业绿色低碳发展，获得经济、生态与社会的综合效益。

当前，我国多地已经在积极推进数实融合，以数字经济赋能实体经济发展，以实体经济转型持续壮大数字经济，着力打造区域竞争新优势。例如，青岛在家电行业推广应用工业互联网平台，以推动智能家电产业转型。未来，在我国数字经济发展过程中，必将结出数实融合的累累硕果。

第四十五章

2022 年人工智能指数报告出炉，中国专利申请量居全球榜首

一、事件回顾

斯坦福大学发布了 2022 年人工智能指数报告，报告正文长达 190 多页，主要分为五个章节，包括研究及发展、技术表现、人工智能应用的道德挑战、经济和教育、人工智能政策和国家战略。报告指出，中国 2021 年的人工智能专利申请量占全球总数的 52%，居世界首位。美国在授权专利数量上占全球总数的 40%，排名世界第一。

二、事件评析

人工智能指数报告自 2017 年起已发表 5 期，在研究方面，近年来我国论文发表与专利申请数量一直位居全球首位，但单篇论文引用量与授权专利数量仍低于欧美，研究成果质量有待增强。值得关注的是，我国论文发表机构以高校为主（2021 年占 60.24%）并呈比重上升趋势，而美国高校比重逐年小幅下降，企业比重相应提升，这说明市场主体在理论研究方面的参与度逐渐提高，这将有利于人工智能基础技术研究与成果应用转化。

我国的人工智能领域专利申请量呈现井喷式发展，这离不开多种因素。首先，在政策方面，我国高度重视人工智能领域的未来发展，各地也在积极推动人工智能行业的创新发展。在《关于促进人工智能和实体经济深度融合的指导意见》等相关文件中，明确了人工智能与实体经济的融合发展路径，通过破圈融合提高人工智能的应用度。在人们生活的方方面面，人工智能正由研发走向应用，如许多智能家居、服务型机器人在市场涌现，深受人们的欢迎。其次，人工智能的快速发展离不开教育界对该行业的高度重视，国内的大部分高校都开设了人工智能专业，为人工智能行业提供大量的人才储备，2018 年教育部批准了 35 所高校开设人工智能专业，到 2022 年 310 所高校增设人工智能专业，很多的家长与学生也都十分看好人工智能领域。此外，与人工智能领域相关的企业数量也在大幅增长，不少企业家与投资者都在该领域积极投资，近三年人工智能投融资金额超 1000 亿元。人工智能赛道在快速发展的同时也在不断拓宽，并融合其他行业的新兴科技，可以说，人工智能领域与其他创新科技融合发展，互相促进。例如，人工智能在现实中的应用推动人们对数据要求的大幅增长，从而推动 5G 技术在中国的进一步发展。随着人工智能专利数量的持续增长，人工智能与其他领域、其他行业的合作将继续纵深。

第四十六章

车载操作系统成为智能汽车的核心

一、事件回顾

随着信息技术的发展，智能汽车作为继智能手机的下一个超级终端，正在由"硬件+简单软件"向"硬件+复杂软件+内容"变革，软件在汽车中的份额不断扩大，软件定义汽车已经成为行业共识。例如，特斯拉汽车采用先进的自动驾驶技术与车载操作系统，未来，有望随着新能源车的广泛普及，成为继计算机、手机之后又一新的主流计算平台，承担互联网入口的功能。车用操作系统作为汽车软件的核心，决定着未来软件产业和汽车产业的国际竞争格局。

二、事件评析

当前，国内外车用操作系统发展迅速，呈现出车载操作系统生态化、车控操作系统集中化和车载车控一体化的技术发展态势，但尚未形成垄断格局。智能汽车领域逐渐形成 2 大类竞争主体。一方面以软件巨头为代表，依托互联网积累进军智能汽车行业，主要通过整车、联合造车和提供技术服务三种方式参与造车；另一方面以车企为代表，通过成立软件子公司、联合软件企业、成立软件部门等方式，纷纷进行软件化转型以稳定行业地位。

我国在车用操作系统竞争中，应警惕四大类风险。一是生态垄断风险。虽然车用操作系统仍处于多技术路径并行阶段，尚未出现如桌面端Windows、移动端 Android+iOS 的垄断局面，但国外企业基于现有生态资源和竞争优势，已开始积极布局车用操作系统和装车应用。我国虽有一定的产业基础，但仍面临生态垄断风险。二是技术兼容性、互操作性风险。我国车用操作系统基于 Linux 内核和 Android 系统做了大量探索，并积累了一系列技术成果，但二次开发模式造成技术碎片化问题，加上国内外车用操作系统尚未建立统一的技术体系，兼容、适配、迁移等配套技术不够成熟，将导致巨大的适配工作量，也会严重降低用户体验。三是功能与数据安全风险。在汽车安全性等级 ASIL 不同的单元融合、安全件与非安全单元的融合方面，汽车整体功能安全性面临更大挑战，将威胁生命财产安全。另外，用户个人信息、地理位置、自动驾驶等关键数据将成为车企、软硬件企业及相关第三方供应商利益争夺的焦点。四是标准及知识产权风险。我国车用操作系统相关标准的制定仍处于起步阶段，仅有全国汽车标准化技术委员会于 2019 年发布的《车用操作系统标准体系》和 2021 年发布的 5 项车载、车控操作系统相关标准化研究成果。我国专利布局尤其是标准必要的专利布局较晚，存在一定的后发劣势，且大多集中在导航、车载应用等细分领域，核心技术专利布局容易获得被动许可而遭遇专利壁垒风险。

我国应积极采取应对举措，包括抢占车用操作系统技术话语权、构建国内外开放协同生态、构建统一开放的标准体系等，打造我国在车用操作系统领域的核心竞争力。

第四十七章

深化校企合作，发挥软件职业教育的人才培养作用

一、事件回顾

2022 年 12 月，中共中央办公厅、国务院办公厅印发《关于深化现代职业教育体系建设改革的意见》。意见提出，优先选择新一代信息技术产业等重点行业和重点领域，支持龙头企业和高水平高等学校、职业学校牵头，组建学校、科研机构、上下游企业等共同参与的跨区域产教融合共同体，汇聚产教资源，制定教学评价标准，开发专业核心课程与实践能力项目，研制推广教学装备。

二、事件评析

软件职业教育对软件业人才队伍建设至关重要。一是软件职业教育人才输出量大，有助于缓解软件企业招聘难的问题。同前，我国软件产业存在行业人才缺口大、吸引力不足等问题，而软件职业教育具备大量输出人才的能力，是破解软件行业人才匮乏的重要方向。二是软件职业教育以技术技能为根本，贴合软件业重实践的需求，当前软件企业越来越重视软件产业人才的实战能力，软件职业教育以基础技能培训和实战教学为导向。三是软件职业教育依托开放式、短平快的培训模式，提升多技能软件人才培养效率；依托灵活的教学机制，能够根据行业新动向、社会新职业开设新兴专业。从软件人才培养向复合型数字化人才培养方向拓展，满足行业数字化转型对多重技能贯通的技术人才的需求。

校企可以从以下三个切入点入手，破解软件职业教育困境，深化合作。

一是以企业需求为主导，解决软件专业设置"大而全"的问题，针对办学特色不突出的问题，企业应当参与软件职业教育顶层设计并建立新的教学体系；针对专业设置同质化的问题，企业应参与指导软件职业教育学科专业设置，调整优化专业布局和结构；针对课程体系更新慢的问题，企业应积极将行业需求及时反映在教材中，加快建成与产业发展相适应的教学体系。

二是强化企业深度参与，补充师资能力"跟不上"的缺口，针对职业应用型师资匮乏的问题，企业发挥专业技术人才能力，参与软件职业教育教学；针对兼职导师积极性不高的问题，企业应加强兼职导师选拔，构建与企业兼职导师相匹配的工作机制。

三是丰富岗位技能教育培养模式，推动教学实践"两张皮"合二为一，针对创新机制尚在探索的问题，企业应当牵头搭建校企联合培养管理平台，联合职业学校共同制定学徒的人才培养方案等；针对实训场景仍需丰富的问题，企业可为软件职业教育提供真实项目作为软件实训课程的教学案例；针对教学评价标准不统一的问题，企业应主动联合职业学校探索建立新的软件职业教育评价体系。

展　望　篇

第四十八章

主要研究机构预测性观点综述

一、Gartner 的预测

（一）2023 年十大数据和分析趋势

趋势一：价值优化

组织的数据、分析和人工智能组合的价值优化需要一套集成的价值管理能力，包括价值故事话术、价值流分析、投资排名和优先排序，以及衡量业务成果以确保实现预期价值。数据和分析领导者必须通过构建价值故事来优化价值，这些故事在数据和分析计划与组织的关键任务优先事项之间可以建立明确的联系。

趋势二：管理 AI 风险

AI 的日益普及使公司面临新的风险，如道德风险、训练数据中毒或欺诈检测规避等，这些风险必须得到缓解。管理 AI 风险不仅要遵守法规，有效的 AI 治理和负责任的 AI 实践对于在利益相关者之间建立信任和促进 AI 的采用和使用来说，也是至关重要的。

趋势三：可观察性

可观察性是一种特性，有助于了解数据和分析系统的行为，并允许回答有关其行为的问题。可观察性让组织能够缩短确定影响性能问题根本原因的时间，以及使用可靠且准确的数据做出及时且具有成本效益的业务决策所需的时间。数据和分析领导者需要评估数据可观察性工具，以了解主要用户的需求，并确定这些工具是如何融入整个企业生态系统的。

趋势四：数据共享必不可少

数据共享包括内部（部门之间或者子公司之间）和外部（组织所有权和控制范围之外的各方之间）共享数据。"数据即产品"，组织可以将数据和分析资产作为一种可交付的产品或者可共享的产品。

趋势五：数据和分析可持续性

数据和分析领导者仅仅为企业 ESG（环境、社会和治理）项目提供分析和洞察是不够的。数据和分析领导者还必须尝试优化自己的流程以提高可持续性，其潜在的好处是巨大的。数据分析从业者和人工智能从业者越来越意识到他们的能源足迹正在不断增长。

趋势六：实用的数据结构

Data Fabric 是一种数据管理设计模式，利用所有类型的元数据来观察、分析和推荐数据管理解决方案。Data Fabric 通过组装和丰富底层数据的语义，对元数据应用持续分析，以生成警报和建议。Data Fabric 让用户能够自信地使用数据，并促使技能较低的开发人员在集成和建模过程中变得更加灵活。

趋势七：新兴的 AI

ChatGPT 和生成式 AI 是新兴 AI 趋势的先锋。新兴 AI 将改变大多数企业在可扩展性、多功能性和适应性方面的运作方式。下一波 AI 浪潮将使企业组织能够在目前不可行的情况下应用 AI，从而使 AI 变得更为普遍和具有价值。

趋势八：融合的、可组合的生态系统

融合的数据和分析生态系统设计并部署数据和分析平台，通过无缝集成、治理和技术互操作性紧密地运行。生态系统的可组合性通过构建、组装和部署可配置的应用和服务来实现。有了适当的架构，数据和分析系统就可以更加模块化、适应性更强、更灵活，可动态扩展并更加精简，以满足不断增长和变化的业务需求，并随着业务和运营环境不可避免地变化而发展。

趋势九：消费者成为创造者

用户花在预定义仪表盘上的时间占比，将被满足特定内容、消费者时间点需求的对话式、动态和嵌入式用户体验所取代。企业可以通过为内容消费者提供易于使用的自动化和嵌入式洞察力，以及使它们成为内容创建者所需的对话体验，来扩大分析的采用和影响。

趋势十：人类仍然是关键决策者

并非每个决策都可以或者应该被自动化。数据和分析部门将明确他们给

决策的支持，以及人类在自动化和增强决策制定中发挥的作用。如不考虑人类在决策中发挥的作用，那么推动决策自动化的过程将导致数据驱动型组织缺乏人性化或者是始终如一的目标。组织的数据素养计划需要强调的是，数据和分析是要与人类决策相结合的。

（二）2023 年十大战略技术趋势

趋势一：数字免疫系统

"数字免疫系统"通过结合多种软件工程策略来防范风险，从而创造增强的客户体验。"数字免疫系统"意味着通过给数字免疫系统"打疫苗"等手段，提高系统的健壮性，其中包含六大核心模块，分别是可观测性、人工智能增强测试、混沌工程、自动修复、站点可靠性工程及应用供应链安全。

趋势二：应用可观察性

"应用可观察性"是通过观察系统外部输出的信息来判断系统内部的状态，进而优化系统。应用可观测性以一种高度统筹和整合的方式将这些可观测的特征数据进行反馈，创造出一个决策循环，从而提高组织决策的有效性。Gartner 认为可观测性应用可以让企业利用他们的数据特征来获得竞争优势。

趋势三：AI 信任、风险和安全管理

AI 的应用变得越来越广泛。对于 AI 应用、AI 模型背后的"可解释性"或"公平性"，实际上存在一些问题。Gartner 的一项调查显示，41%的企业机构曾经历过 AI 隐私泄露或安全事件。到 2026 年，开发出可信赖的目标导向型 AI 的企业机构将实现 75%以上的 AI 创新成功率，而未能做到这一点的企业机构只有 40%的成功率。企业必须使用新的技术和管理来保证模型的可靠性、可信度、安全性和数据保护。

趋势四：平台工程

"平台工程"是一套用来构建和运营支持软件交付和生命周期管理的自助式内部开发者平台的机制和架构。该平台实际上可以涵盖应用程序的整个生命周期，由专门的平台工程团队创建和维护，开发人员提交代码后，由平台上的自动化工具负责自动化发布。对开发人员而言，这样可以避免在运维过程过多介入，同时不需要触碰底层的基础设施。

趋势五：产业云平台

产业云平台是支持特定产业的公有云平台。这些平台提供软件即服务（SaaS）、平台即服务（PaaS）和基础设施即服务（IaaS）等服务，提供产业所需应用场景的模组化能力。企业可以利用产业云平台的服务，更快速地搭建基础模组和实现数位业务，提升业务操作系统敏捷性和推动产业创新。Gartner 预测，到 2027 年，超过 50%的企业将使用产业云平台来加速他们的业务专案。

趋势六：无线价值实现

涵盖从一切方面提供无线网络服务，包括传统的终端用户计算、边缘设备支持、数字标签解决方案等。此类网络远远超出单纯的连接性，提供位置和其他实时信息等，并允许系统直接收集网络能量。Gartner 预测，到 2025 年，60%的企业将同时使用 5 种以上的无线技术。网络的功能将不再仅限于纯粹的连接，它们将使用内置的分析功能提供洞察，而某些新世代的低功耗系统，甚至能够从网络电波中获取能量并运作，而不需任何外接电源。

趋势七：超级应用

"超级应用"是一个集应用、平台和生态系统功能于一身的行动应用。它不仅有自己的功能，而且还为第三方提供一个开发和发布微应用的平台。Gartner 预测，到 2027 年，全球 50%以上的人口将成为多个超级应用的日活跃使用者。Gartner 建议服务业开始评估超级应用的可行性，利用超级应用来搭建生态系统，取得先机并达成创新突破。

趋势八：自适应 AI

"自适应 AI"本意是传统的 AI 系统需要面对不断变化的环境，通过不断反复训练模型，自动使用新的数据进行学习，迅速适应在最初开发过程中无法预见的现实世界变化。这些系统根据即时反馈，动态调整它们的学习和目标，因此能够适应外部环境的快速变化，以及企业目标的不断变化。自适应 AI 能够避免由 AI 模型偏移造成的负面影响。

趋势九：元宇宙

"元宇宙"定义为一个通过虚拟技术，将实体和数字现实融合而成的虚拟共享空间。这个空间具有持久性，能够提供增强沉浸式体验。Gartner 预计，完整的元宇宙将独立于设备并且不属于任何一家厂商，到 2027 年，全球超过 40%的大型企业将在基于元宇宙的专案中使用 Web3、增强现实（AR）云和数字孪生的组合来增加收入。

趋势十：可持续技术

"可持续技术"是一个解决方案框架，可以提高 IT 服务的能量和效率。通过可追溯性、分析、排放管理软件和人工智能等技术实现企业可持续发展，并帮助客户实现他们自己的可持续发展目标。企业需要新的可持续技术框架来提高 IT 服务的能源和材料效率，通过可追溯性、分析、可再生能源和人工智能等技术实现企业的可持续发展，同时还要部署帮助客户实现其可持续性目标的 IT 解决方案。

二、IDC 的预测

（一）2023 年中国数据与内容技术十大预测

IDC 发布了《IDC FutureScape：全球数据和内容技术 2023 年预测——中国启示》，报告提供了 2023 年 IDC 对数据和内容技术的十大预测，预测内容的主题分别为：智能分析、智能决策、数据启示、数据安全、知识引擎、性能密集型计算、数据联合、数据行动闭环、时空一体和数字化数据，主要关注数据和内容为企业创造的价值，以及未来五年对数据、内容技术的部署和使用具有最大潜在影响的预期趋势。

预测一：智能分析

到 2024 年,33% 的中国 500 强企业将广泛使用人工智能分析技术支持数据智能、决策行动和数据培训，以及应对认知偏差和算法黑盒的风险。

预测二：智能决策

到 2024 年，若无法利用机器学习进行跨功能和统一场景规划与预测，则将对 75% 的中国 500 强企业在应对市场波动的能力产生负面影响。

预测三：数据启示

到 2024 年，为促进基于数据启示的决策，50% 的中国 500 强企业（2022 年为 33%）将在企业或生产应用程序中嵌入分析功能，从而增加对精通数据应用程序开发者的用人需求。

预测四：数据安全

到 2025 年，随着数据市场的增长、数据隐私法规的完善以及对数据主权的担忧，60% 的中国 500 强企业将会成立数据风险管理委员会，设立首席数据官、首席信息安全官和首席法务官。

预测五：知识引擎

到 2025 年，鉴于混合工作模式和高劳动力流动，有 40% 的中国 500 强企业将投资知识引擎，用于知识的保留、管理和非结构化内容共享。

预测六：性能密集型计算

到 2025 年，35%的中国 500 强企业将受益于投资性能密集型计算，解决数字化发展下由于数据混乱导致的非最优化资产回报问题。

预测七：数据联合

到 2026 年，考虑到已经投资部署的数据仓库和数据湖，60%的中国 500 强企业将考虑对未来数据和内容技术的投资回报率，并导致对数据联合的投资。

预测八：数据行动闭环

到 2027 年，10%的中国 500 强企业将部署数据和行动反馈循环系统，从而在数据获取和分析投资方面获得更高的回报。

预测九：时空一体

到 2026 年，20%的中国 500 强企业将使用时空一体化数据处理技术，来实现 N 维复杂用户实践，并扩大对远程通信技术的需求。

预测十：数字化数据

到 2027 年，70%的经济价值将以高信息密度的商品和服务形式呈现，为保持经济增长速度，将推动计算需求不断扩大。

三、百度研究院的预测

（一）2023 年十大科技趋势预测

趋势一：大模型生态

AI 大模型正在向跨语言、跨任务、跨模态的技术方向演进，已成为当下 AI 技术发展的一个主要趋势。依托深度学习平台，大模型技术的效能不断提升，具备了很强的通用性、泛化性、可解释性，以及开发流程标准化程度高的优势，能够解决 AI 碎片化难题，持续降低 AI 开发与应用的门槛。随着大模型技术逐步成熟，训练能力、核心算子库和软件平台布局不断完善，在航天、金融、能源等领域，"行业大模型"开始浮现，围绕各行业需求，搭建 AI 基础设施，推进"AI+行业"的应用创新。

趋势二：数实融合

我国"十四五"规划和二〇三五年远景目标纲要都强调大力发展数字经济，为人工智能等数字技术带来了强大创新动力和广阔市场空间。当前，智算中心、深度学习平台和大模型等 AI 新型基础设施不断夯实，加快推动人工智能产业化落地，满足以制造业为主的实体经济转型需求；同时，我国庞大的制造业规模、丰富的应用场景和海量数据资源，非常有利于深度学习模型的迭代进化，技术与场景的融合会催生出具有产业通用性的新产品、新业态。AI 新型基础设施建设，从短期看，将会成为各地政府发展数字经济的重要抓手之一，对区域经济发展和产业升级有明显推动作用；从中长期看，将促进数字技术和实体经济深度融合，更好地赋能产业数字化转型和智能化升级。

趋势三：虚实共生

人们正在构建一个内容丰富的虚拟世界，这个虚拟世界从最初平行于物理世界，逐渐发展到与物理世界紧密连接，未来有可能会实现彼此交互、融合和共生。预计 2023 年，得益于众多关键数字技术的突破，这一趋势将会加快。

趋势四：自动驾驶

随着自动驾驶进入城市场景，无论是感知复杂环境、还是处理海量数据的难度都大大增加，传统小模型无法满足高级别自动驾驶的要求。业界开始通过引入大模型技术，让自动驾驶汽车有效扩充语义并识别数据，大幅提升长尾问题的解决效率，进一步增强自动驾驶感知的泛化能力，适应更多出行场景。预计 2023 年，中国主要城市的自动驾驶商业化落地将呈现运营范围、车队规模双增长的趋势，拥有自动驾驶技术的智能汽车市场的渗透率也将有新突破。

趋势五：机器人

伴随全球人口老龄化加剧，未来各行业将面临严重的劳动力短缺问题。不少国家已经积极发展自动化技术，改变劳动力短缺困境。人工智能、大数据、云计算等关键技术的成熟，为自动化发展注入强大动力，特别是 AI 加持的各类机器人，将在实时感知、智能决策、优化控制等方面获得更大提升，越来越多地应用于施工、开采、救灾等需要大量人力的工作场景。

趋势六：科学计算

AI for Science 正受到越来越多的关注，AlphaFold 等模型的成功让人们看到，人工智能技术对科学计算产生巨大影响，正在改变许多学科的研究范式。通过引入 AI 技术，研究者开发了科学计算工具，解决因传统科学计算过于复杂而难以求解的问题，提升系统建模分析能力。相信未来会有更多功能强大的科学计算工具出现，推动 AI 技术成为重要的科研辅助力量，在物理、化学、生物、材料学等基础科学及药物研发等应用领域体现自身的独特价值。

趋势七：量子计算

过去一年，量子计算技术已在软硬件、应用和网络等关键技术方向实现新一轮突破。预计 2023 年，多种技术路线的量子芯片性能指标将持续提升，云原生量子计算平台将提供更强大、更丰富、更专业的服务，易用性大幅提升，开发门槛进一步降低。量子设备将在多个应用场景中展现出优势，在人工智能、材料模拟、金融科技、生物制药等方向将会诞生更多具备实际应用价值的量子算法。随着量子计算硬件性能与量子算法的不断提升，量子软硬一体化方案的价值与需求将会更加凸显。

趋势八：隐私计算

数据安全治理和数据要素市场化的重要性和紧迫性日渐上升，隐私计算技术进入快速发展阶段。金融、通信、医疗、互联网等领域有越来越多的机构开始自建隐私计算平台，应用场景不断拓展和深化，推进各家隐私计算平台的互联互通逐渐成为行业新趋势。可以预见，借助不断发展壮大的数据流通网络，未来几年隐私计算技术的应用场景将会不断推陈出新，隐私计算平台也会在多个行业成为支撑数据安全治理和数据要素市场化发展的重要基石，有助于塑造兼顾价值创造和安全可信的数据产业。

趋势九：科技伦理

人工智能等技术的快速发展，带来了新的社会伦理问题与风险，引起世界各国的关注。我国政府出台《关于加强科技伦理治理的意见》，向联合国提交《关于加强人工智能伦理治理的立场文件》，积极倡导"以人为本、智能向善"原则，确保人工智能安全、可靠、可控。

趋势十：科技可持续发展

近年来，在可持续发展理念的影响下，促进节能减排和降本增效已成为新技术的重要演进方向。先进计算正在从计算理论、架构、系统等多个层面提升现有算力规模、降低算力成本、提高算力利用效率。未来，会有更多侧重绿色低碳和可持续发展能力的新技术突破，其落地应用将有望缓解环保、健康、能源和材料等问题，提升人类生存环境的质量。

第四十九章

2023 年中国软件产业发展形势展望

一、整体运行发展形势展望

（一）产业"稳增长"成为主基调，数字经济背景下软件价值将受到重点关注

展望 2023 年，随着数字经济的深层次调整与数字化需求的不断释放，软件和信息技术服务业作为数字经济核心产业，将以"稳增长"为总基调加快推动数字产业步伐，重新定义实体经济核心竞争力和价值来源，在复杂的外部形势下进一步构筑起制造强国、质量强国、网络强国、数字中国的坚强支撑。一方面，全球产业格局的加速重构将为软件产业带来新的机遇与挑战，在竞争与合作中将充分发挥"软件定义"的放大、倍增和叠加效应，数字经济的深入推进也将释放新的软件市场空间，软件价值将得到全球高度关注。另一方面，大国大市场和新型举国体制的优势将在关键软件攻关和产业化、规模化应用方面得到进一步发挥，政策红利进一步释放，行业部门、地方政府将联合多方创新主体，利用多元化应用场景夯实产业地基，产业生态国际竞争力将进一步增强。

（二）关键软件发展稳步迈进，开源成为"突围赶超"的共同路径选择

展望 2023 年，国产关键软件产品性能与市场影响力将进一步提升，面向其他行业特别是面向工业领域进行拓展将成为新的发展重点。一方面，我国拥有全世界最齐全的工业门类，各领域迫切的数字化转型需求可为国产工

业软件提供充分的应用场景与市场空间；另一方面，受近年软件领域多起"断供停服"事件影响，工业软件的自主供给能力日益受到关注。借助新型举国体制与开源模式突破供给制约，也已成为当下行业共识。随着信创工作的持续深入推进以及产业链整合的不断加快，国产工业软件有望从船舶、航空、化工等领域率先实现"突围"发展。

（三）新兴技术领域发展持续加快，海外业务有望迎来新一轮增长

展望 2023 年，随着互联网监管进入常态化发展，优化现有业务生态、深化融合发展将成为平台企业共识，在政策引导下平台企业或将成为云计算、人工智能、元宇宙、区块链等新兴平台软件领域重大项目的建设主体，工业元宇宙、产业区块链等融合业务有望加速落地，有效支撑传统行业数字化转型进程不断加快。此外，随着《区域全面经济伙伴关系协定》（RCEP）正式生效，我国与东盟等地区的区域性数字贸易合作将持续活跃，数字服务、数字内容出海将愈发频繁，为游戏、教育、文化等领域平台企业提供新一轮发展契机。

（四）开源商业化发展势头不断加快，开源供应链建设有望迎来新契机

展望 2023 年，随着各级地方政府对发展开源的重视程度与支持力度的不断提升，区域性开源组织、特色化开源社区、行业代码托管平台、专业化开源服务机构将加速建立，我国开源治理体系与开源生态有望得到进一步优化。专业化开源人才加速汇聚，产学研用各方主体协作愈发紧密，有效带动开源软件应用范围不断延拓、开源供应链发展水平持续提升。国产开源项目有望在政策引导下，由过去单一集中在前沿应用侧转而向工业开源等领域进行倾斜，同国际主流开源社区中的流行项目在技术水平与影响力方面的差距也将不断缩小。资本市场对开源企业的投资将维持高位，成熟的商业开源公司有望加速落地，为我国打破国外技术垄断、提升我国开源软件供应链韧性与安全提供更多保障。

（五）产业要素资源加快向软件名城、名园集聚，高质量发展动力持续增强

展望 2023 年，在数字产业集群建设目标推动下，部省市相关主体将持续发力，各项政策及机制进一步完善，资源高度集聚化、产业全链条集群化发展将推动全要素生产率不断提高，成为高质量发展的动力源泉。一方面，在部省市各方全力推动下，各主体将同频共振，加快各项工作联动布局，政策、人才、服务、资本等产业要素资源将加速向软件名城、名园集聚，初步构建起名城、名园、名企、名品、名人一体化发展格局。另一方面，关键软件技术攻关和自主产业生态培育等战略任务在政策刺激、场景开放、企业发力、投资加大等多方推动下，将率先在软件名城、名园取得突破，软件名城、名园将成为软件产业高质量发展的"主战场"和数字产业集群建设的"排头兵"。

（六）"软件定义"将拓展人才需求边界，企业成为软件人才培养关键力量

展望 2023 年，在全球 IT 企业裁员潮与国内用工荒的背景下，国内软件人才供需匹配将进一步精准化，校企合作成为软件人才培养的主基调，企业将在人才培养中发挥重要作用。一方面，在特色化示范性软件学院建设的推动下，基础软件、工业软件等关键软件人才培养进程不断加快，开源人才将成为新纽带，推动产业链与教育链、创新链深度融合。另一方面，在"软件定义"赋能实体经济变革下，大量软件人才将分布在制造业等经济社会各行业各领域，为软件产业量增质升、数字经济蓬勃发展持续提供智力支撑。

二、重点行业发展形势展望

（一）基础软件

领域一：操作系统

未来我国国产操作系统的发展将呈现出四大典型趋势。一是软硬件适配体系进一步完善，基于国产操作系统的软件应用生态、运维服务体系将不断健全；二是产品应用领域不断拓展，将逐渐从"小信创"向"大信创"领域进行发展突破；三是产品收敛将进一步加快，国产 OS 的技术路线将向精品

化方向进行发展；四是大模型（LLM）将成为影响 OS 发展的新因素，操作系统产品交互方式与智能化水平将成为产品竞争力的又一考量。

领域二：数据库

随着企业数字化转型步伐的加快，以多租户和动态调整来解决成本和响应问题的 DBaaS（数据库即服务）模式有望得到进一步推广，将有越来越多的云厂商、传统厂商、新兴厂商借助开源模式加快在数据库市场的破局。短期内关系型数据库仍将占据主流，但随着新厂商的持续入局，非关系型数据库发展势头良好。在国产化浪潮的推动下，国内数据库厂商有望继续实现良好发展增速。

领域三：中间件

中间件与云计算、区块链等技术融合发展。云计算的飞速发展为中间件奠定了牢固的数字基础设施，国家发布相关政策鼓励企业上云，传统中间件厂商也积极布局云中间件。区块链的高效共识协议将会影响底层操作系统的革新，并进一步使中间件的功能形态发生转变。

领域四：办公软件

移动远程办公软件已成为办公软件发展的一种新趋势。自新冠疫情暴发以来，越来越多人因疫情防控原因开始接触、使用并熟悉了远程办公软件。消费者由于对云办公需求的不断增加，其付费购买正版办公软件的意识也正逐渐增强，国产办公软件厂商发展迎来新一轮利好。此外，随着微软正式发布接入 GPT 的 Office 365 Copilot 产品，办公软件未来的使用与交互方式将彻底被大模型颠覆，有理由相信未来具有 LLM 智能化技术进行底层支撑的办公产品将会赢得新一轮发展主动权。

（二）工业软件

产业发展迎来重大窗口期。数字经济时代，制造业依然在未来经济高质量发展中发挥关键作用，数字技术与制造业深度融合，既是顺应新一轮科技革命的必然要求，同时也是增强制造业核心竞争力的重要抓手。随着智能制造、制造业数字化转型升级的深入推进，工业软件成为国际主流国家锻造国际竞争力的主阵地，工业软件高质量发展在保障我国工业基础稳固中发挥关键作用。内循环格局下，出于稳定性和安全性考虑，越来越多的制造企业开始尝试使用国产工业软件产品，这给我国工业软件产业发展提供绝佳机会。进入"十四五"时期，产业基础再造、产业基础高级化等相关政策基本成型，工业软件高质量发展成为凝聚政界、商界、学界和业界等多方共识，势必给工业软件发展带来重大机遇。

工业软件融合应用逐步深化。从某种程度上说，工业软件是"用"出来的，而不是开发出来的。当前我国工业软件产品部分领域实现技术突破，技术差距逐步向国外厂商追平，软件产品正从"可用"迈向"好用"。随着应用场景的开放，大批稳定的工业企业用户持续使用、不断试错反馈、持续优化迭代，工业软件产业生态整体水平得到提升。应用生态的构建是产业健康可持续发展的基础，工业软件高质量发展还需要持续推动软件产品应用，构建良好的产业发展生态。

工业软件价值被重新估算。软件不再作为硬件的附属品，而是硬件功能的"倍增器"。短期内，硬件装备，尤其是汽车、飞机、高铁等大型机械装置研发周期长、成本高、迭代升级慢，越来越难以适应未来产业发展需求。通过软件赋能，不断突破传统硬件装备的功能瓶颈，成为决定未来产业价值的关键因素。此外，订阅制的商业模式被应用到工业软件领域，打破"一次买断"，有利于进一步培养用户使用习惯，增加用户黏性，也为工业软件研发企业提供稳定的现金流，助力工业软件企业发展壮大。

（三）信息技术服务

产业保持平稳向好发展。2023 年，我国经济将顶住全球经济下行压力，有望实现较大幅度的恢复性反弹。稳增长推动下的新基建需求叠加扩内需中复苏的信息化需求，赋予了信息技术服务更大发展机遇。与此同时，云计算、大数据、人工智能、区块链、AR/VR、数字孪生等新一代信息技术的快速突破也将推动信息技术服务模式、形态等进一步发展，促进信息技术服务业保持平稳增长。

自主创新能力加快提升。当前，国际形势复杂多变，供应链紧张，提升自主创新能力、在关键领域掌握核心技术，避免被人"卡脖子"对国家发展至关重要。在政策保障和应用牵引下，我国信息技术领域创新已经取得历史性突破，以集成电路、基础软件、云服务为代表的核心技术产业体系快速发展，部分领域形成较强的市场竞争力。信息技术服务也将顺应发展趋势，进一步朝自主可控的方向发展，逐步提升稳定性和竞争力。

服务加速向全栈式演进。当前，各行业领域对信息技术服务的需求显著增加，并向多样化、全面化持续演进，服务需要包含更多样的技术内容，适应更多变的应用场景。随着新一代信息技术与各行业领域的深度融合，单点式、散点化的信息技术服务已不能够满足用户需求，能够覆盖全场景、全流程的全栈式信息技术服务成为未来的重点发展方向。

（四）嵌入式软件

嵌入式软件应用场景更加广泛深入。嵌入式软件深入各行各业的嵌入式系统，对行业的高质量发展具有强大的赋能作用。尤其是在技术和产品迭代创新浪潮下，用户对智能化产品的需求将不断增大，嵌入式软件的应用广度及深度也将进一步扩大。

嵌入式软件呈现智能化发展趋势。随着以 GPT 为代表的人工智能大模型的再度火热，以及端侧人工智能技术的不断成熟，手机、穿戴式设备、家电、汽车等嵌入式系统将更加智能化，生产厂家将更多地利用人工智能技术优化产品功能，从而增强使用者的互动体验感。

嵌入式软件呈现互联化发展趋势。随着 5G/6G 通信、物联网等技术的发展，嵌入式系统也将进一步互联化，其中既包括工业领域的各类控制设备与制造装置的互联互通，也包括城市服务领域（如交通、教育等）相关智能设备的互联互通，还包括终端消费者领域各种智能产品的互联互通。

嵌入式软件安全问题日益重要。从功能安全角度，嵌入式软件关系着整个嵌入式系统的正确运转；从通信安全角度，嵌入式系统在通信过程中的隐私、秘密等问题需要特别关注；从数据安全角度，嵌入式软件在使用过程中可能会收集海量用户的使用习惯、个人隐私甚至是商业机密，通过云计算、大数据等技术手段进行处理时，必须采取相应措施保障数据安全。

（五）云计算产业

云计算技术创新不断加速。云原生、低代码和无代码云服务技术进一步发展，强化云计算基础服务能力。无服务器技术作为一种灵活轻量化的新型算力架构，逐步成为云上资源配置的一种新方式，推动算力效率显著提升。此外，云计算与数字孪生、机器学习、区块链等数字技术交叉融合进一步增强，推动算力服务更加精细化，进一步释放云计算潜力。

企业上云逐步进入深度用云阶段。云计算价值进一步释放，云资源管理能力逐步加强，云上资源利用率持续提升，推动企业上云由浅层次资源上云向核心业务和关键数据的深度应用演进，传统行业领域企业数字化转型不断加速，"上云用数赋智"进一步走势向深。

算云融合生态发展持续完善。云基础设施提供商、云服务商、软件应用服务商、行业用户等产业链上中下游各方将协同推进，通过开源社区、共建、开放共享、合作共创等多种形式，持续优化算云融合生态发展环境。重点标准研制和应用进一步推广，算云融合标准体系建设进一步完善，云计算产业和服务进一步提质升级。

云安全体系构建成为关注重点。随着云计算应用持续深入，企业面对各类新技术带来的云计算新威胁不断增强，云安全的防护难度持续上升。云的安全性已逐步成为政企上云的首要关注点和先决条件。企业亟须不断优化安全机制，以软件供应链安全、"零信任"防护、统一安全运营等为切入点，构建上云全流程安全体系。

（六）大数据产业

一是产业规模将继续保持增长态势。展望 2023 年，我国数字经济规模高速增长，带动大数据产业迅猛发展。数据资源不断丰富，大数据产品服务加速创新，企业主体更具活力，大数据与各行业融合应用日益深化，进一步赋能数字经济发展升级，推动实现大数据产业与数字经济的互促共进。

二是"技术+制度"促进大数据特性优势的加速释放。展望 2023 年，随着中央深改委审议通过《关于构建数据基础制度更好发挥数据要素作用的意见》，数据权益、流通交易、收益分配、安全治理等基础性制度将落地实践，地方基层将探索创新试点。同时，随着数据全生命周期技术快速演进，各地将坚持技术创新和制度变革相统筹，加快推进大数据"大体量"汇聚、"多样性"处理、"时效性"流动、"高质量"治理、"高价值"转化等各环节技术创新，持续释放大数据"5V"特性优势，加快向大数据产业发展势能转化。

三是融合创新带动行业价值链向中高端水平迈进。展望 2023 年，地区、协会、企业将进一步加强协同联动，普及推广数据管理能力成熟度国家标准（DCMM），试点探索工业数据空间等行业数据流通新模式，促进行业企业深度挖掘数据要素价值，赋能数字化转型发展，提升行业价值链水平。

四是算力经济激发大数据产业发展新活力。展望 2023 年，各地方将坚持基础先行，依托"东数西算"工程，推动新型基础设施建设焦点向数据中心聚焦，加快"存数"向"算数"的能力升级，引导产业要素资源重组、发展优势重塑，打造大数据产业发展新高地。

（七）人工智能

一是模态融合化。从单模态智能向多模态融合的通用人工智能发展。人工智能正在从文本、语音、视觉等单模态智能，向着多模态融合的通用人工智能方向发展。多模态统一建模，目的是增强模型的跨模态语义对齐能力，打通各模态之间的关系，使模型逐步标准化。目前，技术上的突出进展来自于 CLIP（匹配图像和文本）和 BEiT-3（通用多模态基础模型）。基于多领域知识，构建统一的、跨场景、多任务的多模态基础模型已成为人工智能的重点发展方向。未来大模型作为基础设施，将实现图像、文本、音频统一知识表示，并朝着能推理、能回答问题、能总结、做创作的认知智能方向演进。

二是存算一体化。以计算为中心向以数据为中心的架构转变。存算一体，即计算单元与存储单元的融合。其在实现数据存储的同时直接进行计算，以消除数据搬移带来的开销；极大提升运算效率，以实现计算存储的高效节能。存算一体非常符合高访存、高并行的人工智能场景计算需求。在产业和投资的驱动下，基于 SRAM、DRAM、Flash 存储介质的产品进入验证期，将优先在低功耗、小算力的端侧（如智能家居、可穿戴设备、泛机器人、智能安防等计算场景）落地。未来，随着存算一体芯片在云端推理大算力场景落地，存算一体或将带来计算架构的变革。

三是应用垂直化。云平台新的垂直化人工智能解决方案。人工智能市场在零售、交通运输和自动化、制造业及农业等各行业垂直领域具有巨大的潜力。驱动市场的需求因素有两方面，一方面，人工智能技术在各种终端用户垂直领域的应用数量不断增加；另一方面，改善终端消费服务的需求不断增强。以 GPT-4 为代表的大语言模型除赋能和升级搜索引擎、办公软件、图片/视频/音频生成、CAD/EDA 等工业设计、代码自动生成等以 ToC 为主的工具类场景应用外，未来，通过与垂直行业深度结合，基于通用模型形成具备垂直行业 "know-how" 与知识图谱的行业大模型，可以为用户提供专业度更高、可实际商用的 AI 解决方案。

（八）开源软件

1. 开源软件供应链安全将成为新的重要议题

开源软件已成为软件供应链的重要组成环节。大量的第三方开源组件被放到产品中，一定程度上也使软件供应链安全面临更大的治理压力。此外，受外部政治因素影响，开源面临更多的发展不确定性。综合来看，强化开源软件安全保障，支撑推动我国软件产业链、供应链高质量发展，是贯彻国家软件发展战略，提升产业自主可控水平的客观需求。一方面，我国企业应逐步重视开源风险，将开源纳入企业科技风险治理范畴，积极建立开源治理体系从而规避开源风险。另一方面，国家层面也应建立与开源发展相适配的产品采购、应用监测、风险预警等机制。

2. 正确合理的商业模式将成为开源良好发展的促进剂

开源发展乃大势所趋，已成为全球技术创新的主流模式，并正赋能各行各业，越来越多的开源项目与开源技术深刻影响着前沿领域的技术演进方向。从全球范围看，专业化商业开源企业将成为推动开源项目发展、规范和繁荣开源社区的重要力量。构建行之有效的开源商业模式，形成涵盖"产品—社区—商业"等多环节的良性发展回路，将是未来开源软件发展、开源生态建设最重要的课题之一。从长期看，未来开源企业商业价值将持续维持高位，围绕开源领域的投融资活动将持续增多。

后　记

《2022—2023 年中国软件产业发展蓝皮书》由赛迪智库信息化与软件产业研究所编撰完成，力求为中央及地方各级政府、相关企业及研究人员把握产业发展脉络、研判软件和信息技术服务业前沿趋势提供参考。

本书由王世江副院长担任主编，蒲松涛担任副主编。全书共计 31.36 万字，主要分为综合篇、行业篇、区域篇、园区篇、企业篇、政策篇、热点篇和展望篇 8 个部分，各篇章主要撰写人员如下。

前言：杨婉云；综合篇：杨婉云、王菲；行业篇和企业篇：黄文鸿、赵振利、王越、王令泰、王婧、刘丽超、李昕跃；区域篇：李文轩、孙悦；园区篇：李昕跃；政策篇：李梓祎；热点篇：李文轩、李梓祎、王令泰；展望篇：李梓祎、王菲、黄文鸿、赵振利、王越、王令泰、王婧、刘丽超、李昕跃。

参与本书撰写的实习人员包括：赵若琳、刘一凡、赵亚迪、刘诗琳、刘迪。

在研究和编写过程中，本书得到了工业和信息化部信息技术发展司领导，以及行业协会专家等的大力支持和指导，在此一并表示诚挚的感谢。

本书虽经过研究人员和专家的严谨思考和不懈努力，但由于能力和水平所限，疏漏和不足之处在所难免，敬请广大读者和专家批评指正。同时，希望本书的出版，能为我国软件和信息技术服务业管理工作及产业高质量发展提供有效支撑。

反侵权盗版声明

电子工业出版社依法对本作品享有专有出版权。任何未经权利人书面许可，复制、销售或通过信息网络传播本作品的行为，歪曲、篡改、剽窃本作品的行为，均违反《中华人民共和国著作权法》，其行为人应承担相应的民事责任和行政责任，构成犯罪的，将被依法追究刑事责任。

为了维护市场秩序，保护权利人的合法权益，我社将依法查处和打击侵权盗版的单位和个人。欢迎社会各界人士积极举报侵权盗版行为，本社将奖励举报有功人员，并保证举报人的信息不被泄露。

举报电话：（010）88254396；（010）88258888

传　　真：（010）88254397

E-mail：　dbqq@phei.com.cn

通信地址：北京市海淀区万寿路 173 信箱
　　　　　电子工业出版社总编办公室

邮　　编：100036

赛迪智库

面向政府·服务决策

奋力建设国家高端智库

诚信　　担当　　唯实　　创先

思想型智库　　国家级平台　　全科型团队
创新型机制　　国际化品牌

《赛迪专报》《赛迪要报》《赛迪深度研究》《美国产业动态》

《赛迪前瞻》《赛迪译丛》《舆情快报》《国际智库热点追踪》

《产业政策与法规研究》《安全产业研究》《工业经济研究》《财经研究》

《信息化与软件产业研究》《电子信息研究》《网络安全研究》

《材料工业研究》《消费品工业研究》《工业和信息化研究》《科技与标准研究》

《节能与环保研究》《中小企业研究》《工信知识产权研究》

《先进制造业研究》《未来产业研究》《集成电路研究》

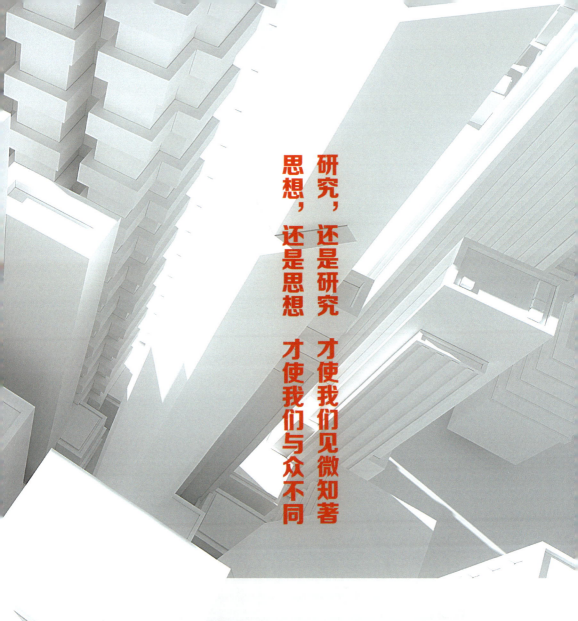

研究，还是研究　才使我们见微知著

思想，还是思想　才使我们与众不同

政策法规研究所　规划研究所　产业政策研究所（先进制造业研究中心）

科技与标准研究所　知识产权研究所　工业经济研究所　中小企业研究所

节能与环保研究所　安全产业研究所　材料工业研究所　消费品工业研究所　军民融合研究所

电子信息研究所　集成电路研究所　信息化与软件产业研究所　网络安全研究所

无线电管理研究所（未来产业研究中心）世界工业研究所（国际合作研究中心）

通讯地址：北京市海淀区万寿路27号院8号楼1201　邮政编码：100846

联系人：王　乐　　　联系电话：010-68200552　13701083941

传　真：010-68209616

电子邮件：wangle@ccidgroup.com